www.ingramcontent.com/pod-product-compliance
Lightning Source LLC
Chambersburg PA
CBHW031154270326
41931CB00006B/274

الأسـفار
السوريّة
السـبعة

الأسفار السوريّة السبعة

د. إياد ناجي

عدد الصفحات: 230

الطبعة الأولى: 2025

الناشر: الخيّاط

ISBN: 978-1-96142-043-4

First published in 2025

KHAYAT
Publishing

Washington, DC
United States
+1 7712221001
info@khayatpublishing.com
www.khayapublishing.com

إياد ناجي

الأسفار السوريّة السبعة

المـحتـوى

مجمع الآلهة

إيل
(الأب)
رحماي
(أم الأرحام)
شاليم
(الغسق)
شاهار
(الفجر)
كوثار
(إله الحرفة والسحر)
ميرا
شبش
(الشمس)
يم
(إله البحر والنهر)
الفرس
عتات
(العذراء المحاربة)
موت
(إله الموت والعالم السفلي)
نيكال
(ربة البستان والثمر)
ياريخ
(القمر)
كوثرات
(القابلات)

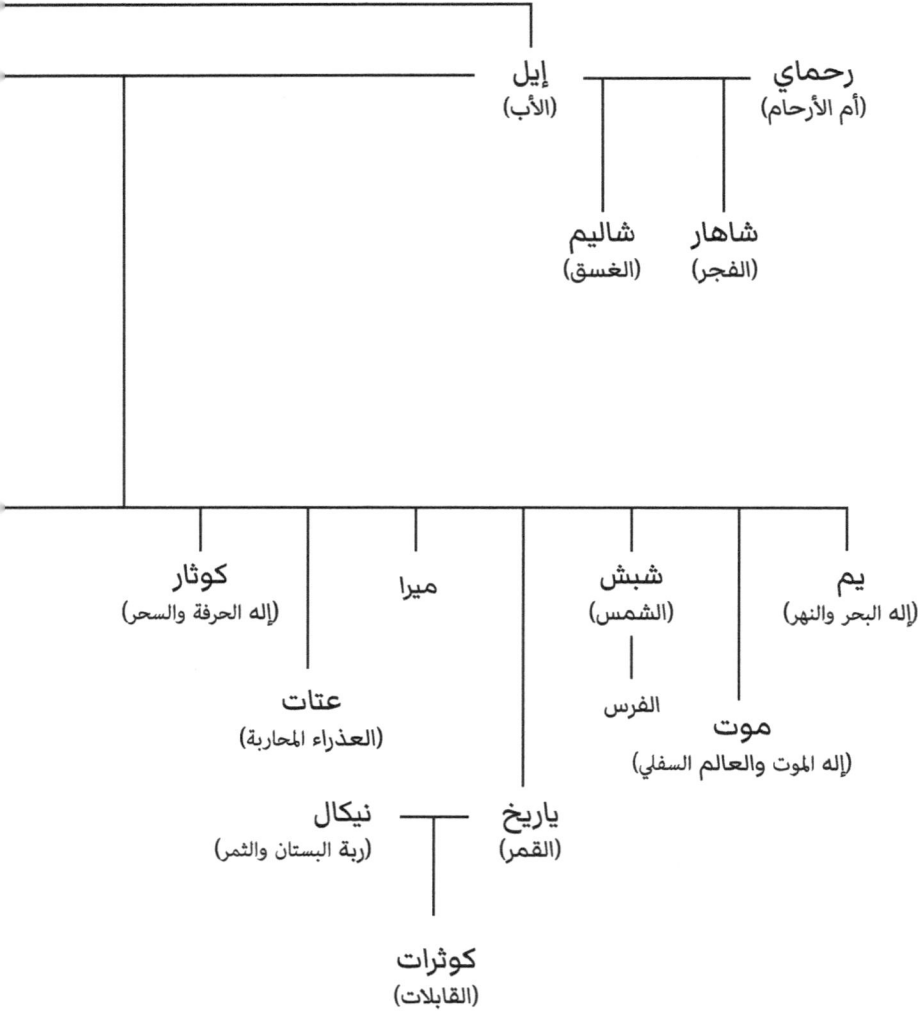

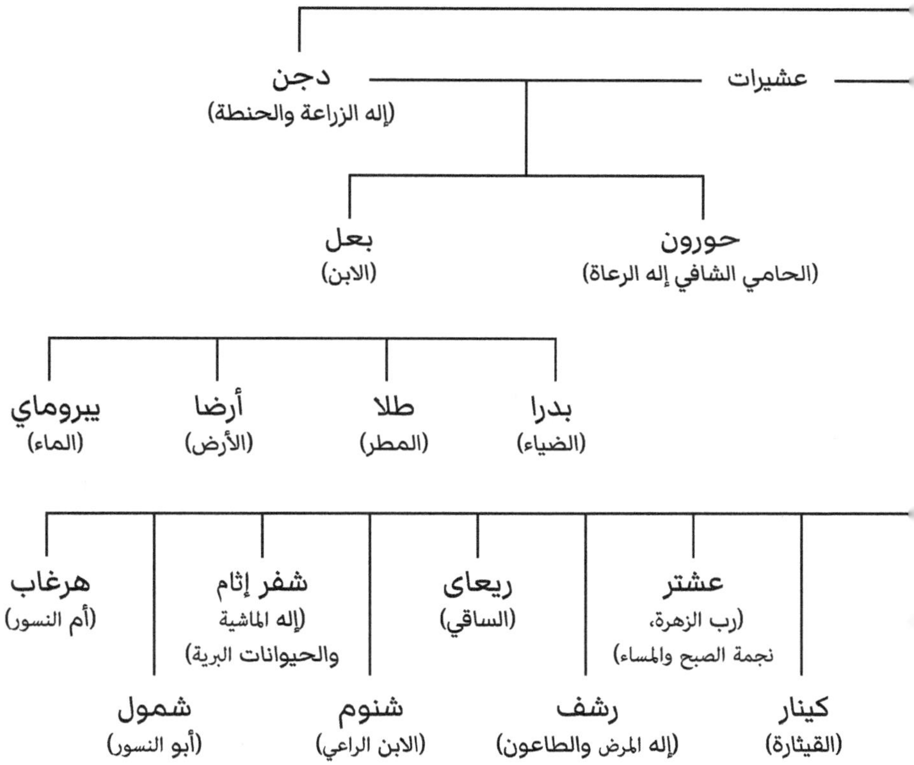

عشيرات
دجن
(إله الزراعة والحنطة)
حورون
(الحامي الشافي إله الرعاة)
بعل
(الابن)
بدرا
(الضياء)
طلا
(المطر)
أرضا
(الأرض)
يبروماي
(الماء)
عشتر
(رب الزهرة،
نجمة الصبح والمساء)
ريعاى
(الساقي)
شفر إثام
(إله الماشية
والحيوانات البرية)
هرغاب
(أم النسور)
كينار
(القيثارة)
رشف
(إله المرض والطاعون)
شنوم
(الابن الراعي)
شمول
(أبو النسور)

هـو ذا ناموس هذي الأرض وديدنها.

هو ذا قانونُ العالمِ الراسخ.

جمعه ودوّنه مـن أفواه الأقدمين ذلك الأصغرُ والأحقرُ من أن يُذكر اسـمهُ بين أسـماءِ الآلهة، مخافة أن تسرق جميعُ الأمم قصةَ الخليقة وتنتحلها لنفسِها..

في السـماء كان ثمّة منذُ الأزل الأب ربّنا الأعلى.

وعلى الأرض الابن الملك والسـيد.

وفي العالم تؤازرهم كالملائكةِ الحارسـة الأربابُ الآخرون والعناصرُ الكثيرة مجتمعون.

وبيننا مشـى الأنبيـاء والملوك الصالحون ممن أطاعوا أوامر الربّ ونقلوا وصاياه.

السِفْرُ الأول

الأب

1

إلهنا في السماوات

هناك في كبد السماء حيث لا تصل عينا مخلوق وليس ثمّة سوى الظلام والمطر، يستوي على عرشه الهائل خالقُ جميعِ المخلوقاتِ والعوالم - ربُّنا الأعلى العجوزُ إيل.

ذلك الذي يرانا ولا نراه ما يزال جالساً وحده فوق عرش السماوات منذ زمنٍ هو أقدمُ من الوقتِ ذاته، وقبل أن يوجد في الكون أيُّ شيءٍ آخرَ إلاه.

وسط وجهه الرزين الجميل استقرت عينان غائرتان لا تكادان تبصران، وزينت ذلك الوجهَ المتغضّن لحيةٌ رماديةٌ طويلةٌ جداً.

فوق رأسه ثمّة قلنسوةٌ ذهبيةٌ كالقمع لا تُرى نهايتُها لفرطِ طولها، وعلى جسده مئزرٌ طويلٌ يغطي القدمين وينهالُ على عالمنا كستارة.

نمجّد في كل يومٍ ربَّنا الأعلى الذي يعيش هناك بعيداً عن حياتنا وأرضنا، ملتفحاً بالغيوم والضباب، ومغطياً وجههُ عنا حتى ما عدنا نراه أو نسمع صوته..

هكذا هو إيل دائماً!

بعد أن أبدع وصنع كلَّ شيءٍ، ووهبنا على الأرض سيدَنا وحبيبَنا ملكَ الملوك يقنع بالبعدِ عنّا دون أن يسمع آهاتِنا، أو يرى بعينيه حياتنا البائسة على الأرض.

وفي قلب الصمت يسمع أبونا الممتلئ حكمةً صوتَ عشيرات أم الآلهة آتياً إليه من مكانٍ ما، فيتذكر بغموضٍ كيف بدأ كلُّ شيء:

2

البداية

هكذا بدأ كلُّ شيء:

بعد أن خلق أبونا السماءَ والهواءَ والأرض طيلة سني شبابه مشى إيل، ثم مشى ومشى ومشى حتى بلغ يوماً شاطئَ البحر والمحيط.

وهناك أبصر إيل غير امرأتين حسناوين تملآن بالماء حوضاً كبيراً فيه تغسلان الثياب، ففتح عينيهِ في دهشة!

رفع أبونا حاجبيه وسأل بفضول:

- ما اسم امرأتي البحر الجالستين القرفصاء أبداً أمام المياه؟

- عشيرات يا أبونا.

- رحماي يا أبونا.

هنا نما عضوُ "إيل" حتى غطى البحرَ كلّهُ، وكالبحرِ فاض..

لقد غمر الربّ شعورٌ عارمٌ وغريبٌ بالانجذاب نحو المرأتين، وفكّر فيما هما تصعدانِ وتهبطانِ على الحوض:

- ما أجملهما من صبيتين.

***

ثم دعا "إيل" كلاً من عشيرات ورحماي إلى بيتِ الرب، وابتسم لهما في حنان.

هنـاك خفـض إلـى الأرض صولجانـه، وقـذف سـهماً هـائلاً نحـو السـماء فاصطاد به طائراً كبيراً.

نتـف الربّ ريش الطائر، ثم رماه فـوق جمرات الفحم المتوهجة..

وعلى هدير الأمواج قبّل إيل المرأتين قائلاً في قرارة نفسـه:

- ما أعذب هذه الشفاه.

ثم ذهب الربّ لينام طالباً من الحسـناوين إيقاظه حين ينضج الشـواء..

- ولتنادني كلٌ منكن حين يقظتي بالاسـم الذي تشـاء..

بعـد انتظارٍ ولهفةٍ وطول تفكير أيقظـت المرأتان في اللحظة ذاتها أبانا في السماوات:

- أبونـا.. أبونا.. انهض فقد احمر الطائر المشـوي وبات جاهزاً للأكل..

عقد إيل حاجبيه وأجاب:

- تناديـنـي الحسـناوان أبونـا أبونـا.. فـإذاً سـتصبح كلٌ مـن المرأتيـن ابنةً "لإيل"..

غير أن عشـيرات وأم الأرحام "رحماي" صاحتا في آنٍ معاً:

- انهـض أيهـا الـزوج.. لقـد احمـر الطائـر.. فلنـأكل الشـواء إذاً يـا زوجنـا الحبيب..

هنـا ضحـك الـربّ فـي السـماوات مبتهجـاً وقـد علـم أنه نـال إعجاب امرأتي البحر.

خاطبته عشـيرات المكتنزةُ الساحرة:

- قم أيها الزوج، والتهم بشـهيةٍ الطائرَ اللذيذ ذا الرائحة الشـهية.

وأما "رحمـاي" ذات الردفين العريضين فقد صاحت:

- نعـم أيها الزوج.. بشـهيةٍ جميع الرجال أقبل علينا..

انحنى "إيل" الرجل، وقبّل الشـفاهَ الحلوةَ كالرمّان..

ثم إنـه مدَّ ذراعيه فعانق المرأتين..

ومـن خلال القبل تم الخلق..
ومـن خلال العناق اكتمل الحمل..
وهكـذا حملت أمُّنا الأولى، وكذلك حملت أمّ الأرحام.
ثـم ولدت كلٌ منهما ابناً "لإيل"..
حيـن بلغه النبأ فرح أبونا إذ غدا والداً..
صاحت العروسـان في حنانٍ ولهفة:
- لقد ولـد لك اليوم ابنان رحمانيان رؤوفان..
أجاب أبونا وربُّنا الأعلى:
- فكما أنا إلهٌ فسـيغدو ابنيّ إلهين، ويكون اسـماهُما شاهار [1] "الفجر" وشـاليم "الغسـق".. سـيغدو شـاهار وشـاليم الإلهـان الرقيقـان "الشـفافان كالغلالة" وكما سـيكون بكريّ إلهين سـيصبح كذلك كلُ نسلي من الآلهة..
بين الفجر والغسـق إذاً ولد عالمنا شـفافاً ولكن خاوياً تماماً..
ما بين الفجر والغسق أثيرٌ فارغٌ كالهلام.. وكان على أبينا في السماوات والـذي يحـبُّ الكمـال أن يخلق جميع الأشـياء الأخرى، حتى يـملأ بالتدريج ذلك الفراغ الهائل..

1 شاهار = سَحَرْ... تقلب السين شيناً في اللغات السامية القديمة وفيما تفرع عنها.

3

النسل المقدس

وقد عاش خالقُ المخلوقاتِ دوماً وأبداً في العراء.

تحت خيمةٍ عاشَ مع زوجتيهِ وأطفالهِ الكُثُر، إذ لم تكن ثمّة في العالم آنذاك جدرانٌ أو أيُّ شيءٍ آخر.

أبو السنين والممتلئ حكمةً لا يحب القصور، بل يبغض البيوتَ والجدران.. ولذا لا نبني له في سورية معبداً قط، ولا نقيمُ له قدساً إذ تحيا روحهُ معنا في كل مكانٍ وتكمن في جميع الأشياء..

وهكذا نحدق حولنا في العراء يا رباه فنراك بقلوبنا ونشعر بك في كل شيءٍ يحيط بنا، وأنت أصلُ كل شيء..

ومع ذلك لا نرى وجهك أبداً!

أنت يا أبانا القريب جداً من نفوسنا وقلوبنا بعيدٌ كذلك عن أبصارنا!.

***

في ذلك العراء الأزلي تتنافس زوجاتُ الربّ -كعادةِ النساء أبداً- على كسبِ رضاه وحبهِ واهتمامه.

وهكذا تأخذ ربّةُ الخصب عشيرات والأمُّ المجهولةُ رحماي (أمُّ الأرحام) بإنجابِ الأطفالِ الآلهةِ لهُ واحداً تلو الآخر.

ثم يتخذ أبونا لنفسه زوجاتٍ أخريات عديدات..

وهكـذا تنمـو لأبينـا في السـماوات قرنـا ثور، وتدعـوه النسـوةُ من الآن فصاعداً بالثور، فهو أبو الرجال ومصدرُ كلِ ذكورةٍ، ودون وجوده لا يتشكل شـيءٌ في هذا العالم ولا يحدث فعلُ الخلق..

فـي نهايـة صراع الزوجات العديدات الأزلي تنتصر أخيراً عشيرات ويتم اصطفاؤهـا، وهكـذا تتربـع بجانـب أبينا على العـرش مـع أنّ لأبنائها الآلهة إخـوةٌ آلهةٌ من أمّهاتٍ أخريات.

ويغـدو الثـور أباً لكثيرٍ من الآلهـةِ الأطفال، ويأخذ فـي عدِّهم حتى بلغ عددهم السـبعين، ثم السبعة والسـبعين ثم الثمانية والثمانين..

وهكـذا يسـتمرُّ في العدّ إلى أن يتعـب ويخطئ في العدّ ويعيد الكرة..

وتنمـو الآلهـةُ الأطفـالُ وتنضـج، ومـع تكاثـرِ أعدادِها ينسـى الأبُ حتى أسـماءها، لكنه لا ينسى أبداً أسـماء أقواها وأقربها إلى قلبه..

فيذكـر دوماً بابتسـامةٍ طيبةٍ على الوجه المتغضن الطيب أسـماء "يم" و"موت" و"بعل" وشـمش والتوأم "عنات" و"ميرا" والتوأم البكر "شـاهار" و"شاليم".

وكذلـك "رشـف" إلـه المـرض والصحـة و"ياريخ" إلـه القمـر وعثتر "إله نجمة الصباح والمسـاء" و"ردمان" الساقي و"شـغر" و"إثام" إلهي المواشي والحيوانـات البريـة وكوثـار "البنّـاء إلـه الحرفـة" وكينـار " ربّ الموسـيقى" و"شـنوم" الراعي وآلهة العالم السفلي "رافايوم".

ولكثرتنـا علـى الأرض ينسـانا أبونـا ونحـنُ جميعـاً أبنـاؤه وفينـا أنفاسـهُ وروحـه، ولكنـه خلـق لنا آلهـةً عديدةً لتـملأ علينا حياتَنـا وتزين لنـا عالمَنا وتلونه بأشـياءٍ رائعةٍ كالبحر والمطر والشـمس والقمر والموت والحب..

فالشـكر لك يا ذا الوجه المحتجب خلف الغيوم..

مـا أعظمـك يا من اسـتويت علـى العرش ترقب فـي صمـتٍ مخلوقاتك، بينما نحن في ظلامنا ولهونا عنك سـاهون..

4

الخلق

ولقد نما لكاتب هذه السطور الكاتب "إيلي ملك" كاتب الملك المعظم "نقماد" كيف وأين عاش الإله العليون، وبماذا دعي وهو عديد الأسماء والأوصاف.

ولقد دعوناه بعليان "العالي" لأنه عاش فوق قمة جبلٍ شاهقٍ مكسوٍ بالغابات اسمه جبل "ليل" في خيمةٍ مع عائلته إلى جانب البحر الأكبر.

هناك أمسك أبو البشر بيديه منبع الماءين: فمن يدٍ أطلق الماءَ المالح من بحرٍ ومحيط، ومن اليدِ الأخرى أطلقَ لنا كلَ ماءٍ عذب..

وقد ترأس ذو اللحية الرمادية كل يومٍ مجمعاً للأرباب والمستشارين، إذ اجتمع حوله إلى اليمين واليسار أبناؤه وملائكته.. في ذلك المجمع اليومي حكم القاضي "إيل" بين الأرباب وسوّى خصوماتهم التي لا تنتهي.

وإذ جلس ربّ السماوات على عرشه الهائل ارتدى تاجاً كبيراً له قرنا ثور، ورداءً واسعاً بأكمامٍ عريضة منها خرجَ ذراعاهُ فمنحت يدهُ اليسرى البركة وأما اليمنى فقد تقدمت نحونا على الأرض بالهدايا والعطاء..

***

وإذا انفضّ المجمع ينصرف إيل إلى شغلهِ الشاغل: الطين.

يحملُ خالقُ كلِّ شيءٍ عصا حادة ويروح يشكّل في الطين جميعَ أنواعِ المخلوقات، ثم ينفخ فيها روحاً..

وهكـذا غدا إيلاي كذلك أبو الآدَميين[2].

ثـم تكاثر البشـرُ في الأرض، وانتشـروا في كل مكانٍ بعـد أن أبدع "إيل" أيّ إبـداع في صنعهم من الطين.

ثـم تصارع الآدميون على الأرض واحتربوا..

***

وقد حمل والدُ أبناء إيل أسـماءً لا تنتهي فاشـتُهر بكثرةِ الأسماء..

فبعـد العلييـن وخالـق المخلوقات وأبـي الآدميين والثـور دعوناه بإيل "لاطيب" لأنـه كان لطيفاً حليماً نادراً ما يغضب..

وكذلك دعوناهُ بإيل "شـدّاد / شدّاي" لشدة بأسهِ وجبروته..

ثـم دعونـاه بإيل "عولام" العالم بكل شـيء والأزلي الخالـد الباقي.. لقد كان الربّ من الحكمة والعلم بحيث يقرأ قلوبَنا في كل لحظة، وبات أقربَ إلينا من ذواتنا.

اللـه يعيش معنا، وتراقبنا عيناهُ على الدوام كل همسـةٍ وزفرة..

لقـد قـرأ فـي عقلنا كلّ فكـرة حتى بتنا مـع حبّنا له نخشـاه، إذ ليس لنا منـه مخبأٌ ولا ملجأ ولا للحظةٍ واحدة.

لذا أضفنا إلى أسمائه "القادر على كل شيء" و"العالم بكل شيء" حتى وخـز ضميرَنا، وأخافتنا قدرتُه.

وزارنـا أبونا حتى في المنام..

ومع كل هذه الأسـماء التي لا تنتهي لإيل لم نعرف له اسـماً حقيقياً لأن إيـل تعني فقط الإله، بل أطلقنا عليه مجرد صفاتٍ دون اسـم..

---

2 الآدم يعني وجه الأرض أو باطنها = الطين.. التراب؟!!

في القرآن الكريم خلق آدم من طين: [خلق الإنسان من نطفة... هو الذي خلقكم من طين... ونفخ فيه من روحه].

5

الإله المريض

وإذ بـات أبـو السـنين طاعناً جداً في السـنِّ راح يشـربُ الخمـرةَ في كل حيـن. ثـم راح يغيـبُ مـراراً عن الوعي مـن حتى فـي مَجمعِ الأربـاب، لذا غضبـت منـهُ أمُّنـا عشـيرات مـراراً، وخاصمتهُ بعـد أن انتصرت فـي صراعِها على باقي الزوجات...

ثـم إن أمَّنـا الأولى ربّةُ الخصبِ عشـيرات الغاضبةِ أبداً أنجبت من غير إيـل أبنـاءً آخريـن كثـر مثل الـربّ "حـورون" وربما الـربّ "بعـل" ابن إله القمح "داجون".

وبعـد أن طالـت لحيـةُ الـربّ الرماديةُ جـداً حتى لمسـت الأرض ضَعُفَ كذلك بصرهُ وسمعه..

لقد بات أبونا عجوزاً جداً فانسحب متعباً ضجراً بعيداً عن عمله اليومي وعن مجمع الأرباب.

لقـد انـزوى اللـهُ فـي عرشـه بعد أن خلـق كل شـيءٍ وابتسـم راضياً عما صنع..

***

حيـن دعا الأبُ أبنـاءَهُ يوماً إلى وليمةٍ عامـرة حضرتها الملائكةُ والأبناءُ وأربابُ العالمِ السـفلي من أرواحِ الموتى..

لكنـه ظلّ في المأدبة يشـرب أمام المدعوين، ثم يشـرب ويشـرب دون توقف إلى أن خرَّ سـاقطاً أمامهم من شـدة الثمالة فوق المائدة.

ثم وقع على الأرض.

ولضخامته غدا مسـتحيلاً رفعُهُ عنها.

هنـا بات لِزامـاً على "البهريليم" عشـراتِ الأربابِ الصغار من نسـلِ إيل وعشـيرات ممن حضروا المأدبة أن يجرجروا وهم في غاية الحرجِ والخجل خالقَهـم وأباهم حاملين إيّاهُ إلى مخدعه..

وقـد خص إيل بعـد تلك الحادثة أحد أبنائه من الأرباب الصغار واسـمه "شـنوم" بمهمة حمله ورعايته حين يكون ثملاً

ثـم إن عشـيرات الماشـيةُ فـوق الميـاه انفـردت بزوجهـا المتعـبِ على الـدوام وفاتحته بجديةٍ في الموضوع.

- إن علينـا أيهـا الحكيم يا ذا اللحية البيضاء وضعَ حلٍّ لهذه المسـألة، إذ لم يعد للبشـرِ والآلهة مـن يحكمهم بعد أن تعبتَ وانزويت.

أجابهـا ذو اللحيةِ البيضاء بعينينِ غائرتينِ ممتلئتينِ شـكّاً:

- إنّمـا أنـتِ تتآمرين مع أبنائك للإطاحة بمن خلق السـماوات ومن علم بواطنَ الأمور..

- ولكـن اختـر أنـتَ مـن أبنائك ملـكاً يخلفك، يكـون له الحكـم ومملكة الأرض بما عليها، وتبقى أنت أيّها الأزلي سـيد مملكة السـماوات العلا..

6

بعل

وقد أحببنا من أبناءِ السماء الكثرِ أولئك بعلاً، وجعلناهُ علينا ملكاً..

ولأنّ بعلاً شابهنا ومشى بيننا عشقناه، ولاسمِهِ وحدهُ دون إخوتهِ غنينا واحتفلنا.

كانت قلوبُ البشر قد أنّت وتألمت لبعد إيل عنهم، وتاقت أرواحُهم لسيّدٍ يحكمهم ويدبر شؤونهم.. وكذلك رغب الآلهة بملكٍ عليهم يقضي بينهم..

ولقد رأت يوماً عيونُ الأقدمين بعلاً سيدنا المختار إذ مشت قدماه بينهم وشابه وجهه وجوه البشر..

كانت لبعل لحيةٌ هائلةٌ مخيفة، وقد شابه رجلاً قوي البنيان فارع القامة بكتفين عريضين وهامةٍ تبلغ الغيوم..

مشى البطل حاملاً رمحاً، وارتدى مئزراً قصيراً عكس رداء أبيه الطويل عريض الأكمام..

ولقد أطلق عليه والداه طفلاً اسم "حَدَد"، لكننا لشدة تبجيلنا له خشينا ذكر اسمه ودعوناه فقط بالسيد أو "البعل".

وقد غدا بعلنا رباً للمطر والعاصفة.. رباً للسماوات والغيومفهو إذاً الحياةُ نفسُها ونظامُها، وبه تدومُ الخضرة وينمو النبات.

ركب الحبيبُ الغيومَ مرتدياً على الرأسِ قمعاً هائلاً، وجلجل بصوته العملاق فسمعنا صوتَ الرعد المخيف، ومن صولجانه أطلق البرق..

ثـم راقب هطـول المطر بوجهـه الجميـل الناظر إلى جميـع الاتجاهات في آنٍ واحد..

كان السـيد مبهراً ومثيراً لإعجاب البشر والآلهة حقاً، حتى أثار غيرة أبينا ذاته في السماوات..

***

وهكذا اشـتكى إيل يوماً لقرينتهِ بمرارة:

- ابنكِ بعل هذا يسـعى لأن يحل محلي ويسـتولي على عرشي..

- لكنك من انزوى بعيداً تاركاً عرشـهُ فارغاً!

- لئن كان حدد بارعاً في إطلاق العواصف والإتيان بالمطر فإنني وحدي القادر على الخلق والعالِم بكلّ شـيء..

- غيرتـك هـذه يـا زوجـي هي التـي ترغـم الناس علـى ذكر اسـم أخيك "داجون" كأبٍ محتملٍ لبعل..

رأى إيـل الناسَ يغنّون لبعلٍ في المعابد بحبٍ حارٍ وشـوقٍ لم يألفه.

ثم ألّفوا لتمجيده الأشـعارَ والترنيمات:

- أنجدنـا يا راكب الغيوم بالمطر والخصب، ولتكن ملكاً علينا في الأرض والسماوات..

و هكـذا بصيـرةُ الأب إلـى صدورِ النـاس، وفهم ما جال برؤوسـهم وهو قارئُ القلوب والعالمُ بكل شـيء فغضب وحنق أيَّما حنق..

سـارع الكهنة في المعابـد يهدؤون النفوس لتجنّـب الصراع المدمر بين الأبِ والابن وردّدوا:

- ولكـن أيّ فرقٍ بين الأبِ والابن؟..

- أوليـس أحدُهما من صلبِ الآخر؟..

- أليـس للـربِّ وجهـان، أحدهمـا بعيـدٌ محتجـبٌ غامـضٌ والآخـر قريبٌ وأليف؟.. إن السـيد "بعل" هو ذلك الوجه الحبيب..

ثم ما فتئت اللات عشـيرات على زوجها في الطلب، وتدعوه مراراً بأبي "شـنوم" لتذكره بحاله وحاجته إلى المسـاعدة حتى أجابها أخيراً إلى طلبها على مضض:

- لا بـأس.. غداً ندعو جميـعَ أبنائنا إلى مأدبةٍ كبرى، ننصّـب فيها عليهم ملـكاً يقضي بينهـم، وبيده تكونُ مقاليدُ الأرض وأقدارُ الناس..

7

وليمة الأرباب

وإذ اجتمـع عشـراتُ الأربـاب لحضـور المأدبـة العظمـى ماجـت قلوبُهـم ترقباً وتوتراً، وارتجت السـماوات مهابةً وهولاً مـن عظمة المجتمعين.

وعلى الأرض ارتعد البشر وخافوا دون أن يدركوا لذلك سبباً..

ابتسـم "أبو السـنين" الجالس على عرشهِ بسرورٍ مرحّباً بالحشد المؤلف مـن عشـرات المدعوين والذيـن لـم تكـد عينـاه الضعيفتان تميـز وجوههم.

لكن عينيه لم تخطئا بعلاً هائل البنيان ذا الخطى الواسعة والثابتة المحبوب من الجميع والـذي حياه ونهضوا لحضوره تقديراً..

بجانب بعل مشت أختاه "عنات الحبيبة" و"شمش" السـاطعةُ المنيرة، وكذلك أخوهُ وأخلصُ حلفائه "كوثار" السـاحر..

همـس لـه عليـان "الأعلى" مبتسـماً بغمـوضٍ بعبـارةٍ لم يسـمعها أَحَدٌ غيره

- اجلس هاهنا أمامي يا ابن..

قبالة أخيه "يم" إله البحر جلس مطيعاً السـيد والذي لم يكن يكره شـيئاً قط أكثر من كرهه للأفاعي التي تنسل هاربةً في الجحور كلما هطل مطرهُ وساد في الكون النظام..

ولذلك ارتعد بعل مشـمئزاً حين أبصر أخاه "يـم" جالسـاً قبالته، وعلى ذراعـه العريضـة التـف متلويـاً "الأفعـوان" الثخين المحرشـف ذو الرؤوس السبعة..

كان "يـم / إيهو" إله البحر وقاضـي النهر الابن المفضل لوالديه..

وهـو شـديد القـوة والهيجان حتى خشـي الجميعُ بطشـه، فهـو المائيُّ شـديدُ القوةِ والاضطرام غاضبٌ أبداً ولا يمكن ترويضه..

و"يم" البحر دائمُ الحركة والتمطي كحركة الأفعى التي يحمل، إذ يحيط نفسـه علـى الـدوام بمجموعـةٍ مـن الوحـوش البحرية علـى رأسـها "لوتان/ ليفياتان" الأفعوان المحرشف..

وهـو يرسـل مراراً ودون سـابق إنـذار إلى الشـواطئ الأعاصيـر والزوابع والرياح، حتى خشـيهُ أهلُ البحار وصلّوا لهُ مبتهلين أن يرحم سـفنهم..

راقـب الحضـورُ إيـل محمـرَّ الوجـه المبتسـم في غمـوضٍ وخبـث، وقد تسـاءلوا إن كان اليوم ثملاً كعادته..

وبعـد فراغهم من الوليمة رفـع "الأعلى" إصبعهُ في الفضاءِ فجأةً.

هنـا توقـف المدعـوون عن الكلامِ جميعاً وحبسـوا أنفاسـهم فسـاد في الفضاء صمتٌ ثقيل..

ردد إيـل بصوتهِ العميقِ الغامضِ الآمر:

- أهلاً بكم يا أبنائي على مأدبة أبيكم السـماوي..

أمـا وقـد علمتـم جميعـاً لأيِّ سـببٍ اجتمعتـم اليـوم لـن أطيـل عليكـم الساعةَ كلماتي، وسـأنطق على الفورِ بحكمي..

يكـون مـن اليوم سـيّداً عليكـم وعلى العالـم الذي صنعته يـداي هاتان ابنـي الشـديد الجبـار "يم" سـيدُ المياه، والذي مـن الآن فصاعـداً تطيعون، ولسلطانهِ الأبديِّ تنحنون..

8

رياح الخريف

هنا تعالت في البلاط الشـهقات وصيحاتُ الاسـتغرابِ والاستنكار.

كان الجميـع قـد تنبّـؤوا - بـل وتمنّـوا - أن يغدو بعل السـيّد ملـكاً على الآلهة وسيداً على الأرض..

وحدها عشـيرات أمُّهم لـم تكتم فرحتَها ورضاها، بـل التمعت عيناها بالفخـرِ العـارم بأحـبِّ أبنائهـا إليهـا الجبـارِ المهـابِ "يـم" وبالأمـل فـي القادمِ من الأيام..

هنـا نهـضَ بعلُ الجبـار يرتعد مذهولاً فاغـراً فاه، ثم انسـحب من المكان غاضباً دون كلمةٍ واحدة. ثم تبعهُ أخوهُ المحب "كوثار" الماهر مبدياً دعمه.

وأما شـمش فقد لحقـت بهما قلقةً مذعورةً..وقد غطّت وجهَها الغيوم

آنئـذٍ انطلـق فـي الفضـاء صـوتُ عنات ربّـةِ الحرب قويـاً كالرعـد ثاقباً كالبـرق، وهدرت بجسـارتها المعهودة في وجـهِ أبيها دون مهابة:

- وكيـف ذلـك أيُّهـا الممتلـئ حكمةً؟! هـل جافتك اليـومَ حكمتُك أنها لسـعةُ الغيرة قد أعمتك؟..

تعالـت الصيحـاتُ فـي البـلاط محاولـةً إسـكات الربّـة الغاضبـة والتي لا تخافُ في الحق شـيئاً:

- لقـد علـم الحاضـرونَ هاهُنا كيف صنـع أخونا بعل عرشَـهُ على الأرض بيديهِ القويّتين، وكيف جعل لنفسـه مملكةً بشـجاعتهِ وكرم يديه حتّى آثرهُ الناسُ جميعاً..

- لقد تجـاوزتِ كلَّ الحدود أيّتُها المحاربة..

كذلـك أجابهـا خالـقُ السـماوات والأرض، غير أنّهـا أكملـت حديثَها غيرَ عابئة..

- ألـم تبصـر كيـف أقـامَ لـهُ البشـرُ الاحتفـالاتِ والولائم فـي كلِّ مكان؟ وكيف سموا باسـمه المدن والملوك وفلذات الأكباد؟..

كانـت عنـات الغاضبةُ أبداً موشـكةً على الانسحاب حين سـمعت "يم" يقهقـه بصوتٍ هادرٍ كحفيف موج البحر..

وأما العشـراتُ مـن الأرباب الآخرين فقد صمتـوا وأحنوا الرؤوس مخافة إغضابِ الأبِ في السـماء وهو الذي خلقهم وخلـق لكلٍ منهم مملكته..

عند البوابة صاحت عنات وعيناها تنفثان شـرراً:

- لا يكـونُ هـذا الأمـرُ أبداً يا أبـتِ، فكما أنت في السـماء الأب و الأعلى ثمّة على الأرضِ الابنُ والسـيدُ الملك..

ثـم غـادرت البـلاطَ دون رجعـة، بينما تابـع "يم/ يهـو" المنتصـر إطلاقَ ضحكتهِ العريضةِ الكريهة..

كان الفيضـانُ الآن يتهـددُ الحقولَ بالغرق، إذ دخـل العالمُ في حكمِ إلهِ الفوضى والمياه..

لقـد حلَّ على الأرض فصلُ الخريف..

ها هي الرياحُ والرعود تهزُّ الأغصانَ وتُسـقِط عنها الأوراقَ الصفراء..

إنـه إذاً موسـمُ المفاجـآتِ والفيضـان.. موسـم الزخـات غيـر المتوقعـة والسـيولِ التي لا يمكن إيقافُها..

وقد علم جميع من حضروا المأدبةَ الكبرى العصيان ولا شك قادم، وأنّ المعركـة العظمى آتيةٌ لا محالة..

9

العصيان

كان "العالمُ بكلِّ شيءٍ والمدرك للخفايا" قد تنسّم في الجو رياحَ العصيان..

جلجل ذات يومٍ في الفضاء صوتُ أبي السنين الصارم مخاطباً:

- امضِ مسرعاً أيها الماهر "كوثار"، وابنِ على عجلٍ قصراً مُنيفاً لأخيكَ "يم".. وليرتفع ذلك القصر إلى ما فوق السحاب حتى يحكمَ منهُ الملكُ الجديد العالمَ بكلِّ ما فيه.

بعد طولِ إحجام ذهب "كوثار" مرغماً لتلبية أمر أبيه، ورفع القصر حتى طاول السحاب غير أنّ الملك الجديد والطاغية رفض بناءَ القصرِ على التلال قائلاً:

- إنما يكونُ قصري في الهاوية، وفي الأعماق أعيشُ في قصري الجديد كما عشتُ دائماً..

وهكذا فعل كوثار مطيعاً على مضض..

***

وكبقيةِ الإخوة الغاضبين المملوئين سخطاً يتأوه الإله الشابُ عشتر/عثتر ربّ نجمةِ الصباحِ والمساء في أسى..

وحين يمتلئ نقمةً يحمل بيده شعلةً استعارها من شبش معتزماً المضي

إلى قصر أخيه الأكبر "يم" لمواجهته.

ما من أحدٍ يرغب في سيد الأفاعي والأمواج سيداً عليه وملكاً.

لكن المضيئة والخيّرة شبش توقفه على الطريق، إذ تخشى عليه من نقمةِ أبيه وبطشِ أخيه:

- لقد أعدّ أبوك الثورُ المائدةَ لأخيك وانتهى الأمر، ولئن أعلنت نفسك ملكاً كسر أبوك صولجان حكمك وسحب منك معونته وبركاته.

هنا بكى بمرارةٍ مناجياً:

- لقد وقف أبي الثورُ على الدوامِ ضدي.. حتى أنني وخلافاً لبقية الآلهة لا أمتلك قصراً ولا بلاطاً.. وحدي إذاً سأعبرُ يوماً حلق "موت"، وعند موتي سيغسل "يم" بأمواجهِ جسدي.. أأنا إلهٌ كالآخرين إذاً أم لا؟..

ربتت شبشُ الرفيقة الدافئة على رأسِ أخيها الصغير قائلةً في حنان:

- ليس لك يا أخي زوجةٌ بعد ولا قرينةٌ كبقيةِ الآلهة.. كيف ستحكم إذاً دون نسلٍ ولا وريث؟..

هنا استدار عشتر الطَّموح على عقبيهِ عائداً، وقال في إصرارٍ وهو يضرب الأرض بقدمه:

- أقسم يا أختاه على أن أغدو يوماً ملكاً على جميعِ الآلهة والأرض.

***

ثم جمع الأبُ أبناءهُ على مأدبةٍ أخرى كي يقمعَ عصيانَهم ويطفئ فيهم نارَ السخط..

راح الحكيم في بلاطهِ يسقي أبناءهُ الآلهة الحليبَ الرائبَ من الأباريق، وسأل أمام الجميع عشيرات:

- فلتطلقي يا إيلات على حاكمِ الأرضِ الجديد تسميةً جديدةً تليقُ بكرسيه، فيكونُ لهُ كالآخرينَ ..

- لا يكـونُ الاسـمُ الجديد إلا مـن اختيارك يا زوجي، فأنـتَ الذي وضعتهُ على العرش..

هنـا فكّرَ الحكيمُ لحظةً ثم قال:

- نسـميه إذاً من الآن فصاعداً "عزيزَ إيل".

هنا يضحك "يم/ يهوه" في نشـوةٍ عارمة، ويشـكر أباهُ الذي كرّمهُ بالاسم الجديد.. ثم عاقداً جبينه:

- ومـاذا أفعـل يـا أبـتِ بالشـديدِ بعل، والـذي ما فتـئ يسـبُّني ويتمرّد على حُكمي؟..

ارتفع صوتُ إيل الحكيـم مخاطباً ابنهُ المفضّل:

- فلتهبّ لكرامتكَ يا "يم".. ولينزاح بعل عن عرشـهِ المزعوم.. بساعديك ورضا والديك انبذهُ عن كرسي حكمه، وإلى الأرض بين البشر ارمِ به ليعيش كواحدٍ منهـم.. فهكذا تكونُ عاقبة العصيان..

10

يم / يهوه

وهكذا مضى الأمير "يم" مسروراً بالحُكم السماوي..

مشى بخطاه الواسعة التي توازي كلٌ منها ألفَ حقلٍ إلى قصره القابعِ في الهاويةِ والأعماق..

إليه انسحبَ هابطاً كما يتسرّبُ الماءُ عبر الثغور..

وقد حكم "يم" إخوتهُ والعالم بقبضةٍ من حديدٍ لا ترحم، وأرهقهم ببطشه ونوباتِ جنونهِ وأعاصيره..

وإذ تدخل عشيرات قصرَ الأعماق مسترضيةً إياه طالبةً منه أن يسامح أخاه، يرفض رجاءها دون تفكير..

وهكذا غادرته أمّهُ باكيةً ومتسائلةً في سرِّها إن كانَ اختيارهُ ملكاً هو القرارُ الصائب حقاً.

***

ذات يومٍ راحَ الإله الأزرق يشربُ الخمرَ محتفلاً بتاجهِ المذهّب ومحاطاً بوحوشهِ البحرية، وقد علم في قرارةِ نفسه أن المعركة مع أخيه قادمةٌ لا محالة..

ثم زعق "يم" في رسوليه أن لا يجلسا أبداً.

- سافرا حالاً إلى مَجمعِ الأرباب، وعند قدمي العجوز إيل لا تسجدا... وأبلغا الأربابَ أمام الثور والدي رسالة سيدكما ربّ النهر والبحر:

"أن يسلّموا بعلاً إلي، واطلبوا ذهبهُ كلّهُ ليصبح ملكاً لي، وبه أزيّن قصري".

في بلاط السماوات العلا فوق جبل ليل انحنت الآلهةُ جميعاً لرسل ربّ البحارِ والمحيطات..

- "فلتتخلوا يا إخوتي عن حماية الأميرِ الثائر ابن داجون، ولتأمروهُ بإرسالِ الهدايا والذهب، وليسلّم نفسهُ وجميعَ أتباعهِ لخدمتي".

ابتسم أبو السنين في سرّهِ مبتهجاً ثم قال:

- غداً أرسل بعلاً أسيراً إلى قصر الأعماق محمّلاً بهدايا الذهب والفضّة.. غداً يا عزيز إيل في قصر فضتي يغدو بعلٌ أسيراً لك..

يتابع الرسلُ قولَهم بجسارة:

- وكما أخلفُ أبي في حكمه تغدو قرينتهُ قرينتي، وتسكن معي دوماً على شواطئ البحار، ويصبح اسمُها من الآن فصاعداً "سيدةُ المياه"..

تابع الإخوةُ الخائفون انحناءَهم للرسل وهم يرتعدون..

***

إلا بعل وحده رفضَ الانحناء والتسليم كإخوته الخائفين، وصرخ غاضباً في وجوههم ومؤنّباً:

- ألا ما أجبنكم يا إخوتي! أما رأيتم وقاحةَ الرسل؟ أحنيتم لهم الهامات؟ من بين ركبكم ارفعوا رؤوسكم إلى أعلى..

ثم حمل حدد البعل بيسراه سيفاً، وبيمينه خنجراً ليقتل بهما الرسل، لكن عنات أمسكت بذراعيه قبل أن يخترق حدُّ السيف أعناقَ الرسل.

هنا تصيحُ عنات ذات العينين الحمراوين بأخيها الغاضب:

- إياك أن تفعل يا حبيبي، ولا ترتكب مثل هذا الخطأ الشنيع.. ما الرسل إلا ناقلو الكلمات، وها هي أختك عنات ربّة الحرب تحرّم أمام الجميع من الآن فصاعداً على الآلهة والبشر قتلَ الرسل في الحرب مهما كانت كلماتهم..

هنا تراجع بعل مرتبكاً.. ثم إنه صاح غاضباً:

- نعم.. لكِ هذا يا عنات..

ثم أكمل:

- ولكن لا ينحني سيّدُ الأرضِ أبداً للفوضى والفيضان، إنما أنا سيّدُ الحياة والنظام.. ولا أترك أرضي وشعبي أبداً تحت رحمة الطاغية..

السِفْرُ الثاني

الابن

1

البر والبحر

ذات خريفٍ متقلبٍ رياحه عنيدة اندلعت بين الشقيقين المعركةُ الكبرى خلف الغيوم وفي أعالي البحار، فاهتزت لها السماوات وارتعدت من هولها الأرض.

تساءل البشر الغافلون عما عساه يجري في الغيب، إذ ثارت عواصفُ "يم" غاضبةً وحطّمت السفنَ مراراً فمات كثيرٌ من البحارة غرقاً في الأعماق.

وفي الوقت نفسه انهمرت على الأرض صواعقُ بعل المفاجئة وعواصفهُ الماطرة وبرقه ورعده والتي رافقت على الدوام غضب يم..

استنجد بعل بأخته عنات قائلاً وقد أوشك على خسارة المعركة:

- ماذا جرى لقواي يا أختاه وقد خارت كلُّها؟ ما أراني اليوم إلا مهزوماً.. "يم" هذا هو غربال الدمار ورئتا موت.

حول "يهوه" راحت تدور مخلوقات البحر المدمرة جميعاً تمد له يداً في هذه .. وهكذا ينهارُ بعل منهكاً خائراً أمام عرش "يم" الرهيب..

قبضت عنات أخيها على الأرض، ثم همست لهُ في يأس:

- ليس بوسعك أيها السيد هزيمة يهو بقوةِ ذراعك وحدها، فأخوك الهائج كالثور شديد البأس وأقوى منك بكثير.. ويلٌ لنا..

***

هنـا يتدخـل فـي اللحظـةِ الأخيـرة كوثـارُ الذكـي إلـهُ الصنعـةِ الماهـر والمخلص لأخيه أيّما إخلاص..

يظهـر كوثار حاملاً بيديهِ سلاحين معدنيين كمضربين ثخينين هائلين.

يرفـع لبعل السلاحَ الأول قائلاً:

- أقـولُ يـا راكـب الغيـوم.. فـي الحرب ينبغـي اسـتعمالُ العقـل ومواردُ الطبيعـة، لا القـوةُ وحدَهـا.. بهـذه العصـا الثخينة اضرب خصمك واسـحق أعداءك.. ولتأخذ مملكتك المسـتحقة إلى أبد الآبدين..

يمسـك السيد بيديه السلاح في حيرة:

- اسـمُ هذه العصا الأولى "يغروش".. فلتطرد يا يغروش "يم" من عرشـه وكرسـي حكمـه، ولترقـص رقصتك منطلقاً كالنسـر مـن أصابع السـيد ضارباً كتفي "يم"..

وسـط زعيـق الآلهة وثـورة الغبار التـي أعمت العيون يضـرب بعلٌ أخاه بيغـروش ما بين الكتفين فلا يكاد "يم" متين البنيان يشـعر ..

لكن إلهَ الكثرةِ يعاجل بعلاً بالسلاحِ الثاني واسـمهُ "أيامور"..

- فلتضربـي يا عصـا "أيامور" جمجمة "يم" على تاج رأسـه بين العينين، وليخر من وقعِ الضربة سـاقطاً على الأرض..

بيـن عينـي "يم" وموجاتـه التي لا تهدأ تضـربُ العصا الطائـرة، فترتعش مفاصلـهُ ويهتـزُّ نُخاعـه، ثـم ليقـع مـن وطأتها سـاقطاً علـى الأرض ومصدراً زعيقاً مرعباً..

لم يشـاهد أحدٌ أبداً قبل اليـوم إلهاً يموتُ هكذا كما مات يم..

ذلك المشهد المريع والمؤلم في آنٍ واحد كان حدثاً جللاً غير مسبوق.. ليس فقط بسـبب صوت السـقوط المدوي للجرم الهائل على الأرض، وليس فقـط لأنهـا المـرة الأولى فـي التاريـخ التي يقتـل فيها أخٌ أخـاه، بل لأن في طيـات الحدث مصير الكون برمته..

اليوم ينتصرُ النظامُ الأزليُّ الراسخُ في وتخسـر الفوضـى وقوى الدمار الأرضُ مكاناً أفضل للعيش بوجود سـيد الحياة..

وأمـا الأفعـى المحرشـفةُ العملاقة لوتـان نصيرة "يم" فتنسـلُّ هاربةً إلى الأبد من سـيد الحياة إلى شـقوق، وتبقى مختبئةً هناك ما دام بعل حياً..

2

نهاية الفوضى

وأما البشر المذعورون وهم يشاهدون هيجان الطبيعة فقد رأوا بأمّ أعينهم مشهداً لم ينسوه أبداً، ولكن لم يفهموا تماماً معناه..

لقد أبصروا سلاحيّ كوثار وهداياهُ لبعل تنهمرُ فوق صفحةِ البحرِ الأسودِ الهائج..

رأوا أولاً ضوءاً عظيماً كالنسر في السماء يُرعب المخلوقات ولكن لا يؤذي اسمه البرق، ثم يتبعهُ صوتٌ هائلٌ مدمرٌ هو الرعد يهطل بغزارةٍ في أعالي البحار..

هنا ترقص ربّةُ الحربِ عنات رقصتَها، وتذبح بسيفِها مخلوقات "يم" ووحوشَهُ البحرية.

ثم تشير بإصبعها الحمراء لجثة "يم" على الأرض قائلةً:

- اقطع يا حبيبي "يم" واسحقهُ سحقاً، وإلا نهضَ ثانيةً يوماً لك نداً.

كذلك فعل البعلُ حَدَد بجثةِ أخيه، فسحبها وقطعها قطعاً صغيرةً جداً، حتى تلطّخت بلونها الأزرق قبةُ السماء إلى الأبد زرقاء..

***

تنهّد الأبُ في السماوات بعمقٍ وهو يشاهد ابنَهُ المفضّل يخسر ملامحهُ وهيئتهُ محاولاً فهمَ ما جرى لتوه..

هنـا تنفس الأربابُ السـبعة والسـبعون بارتيـاح لانزياحِ قبضـةِ الطُغيان عن أعناقهم..

ثم أمرت عشيرات ابنَها:

- لقـد علمـتَ يـا بعل أن الآلهةَ لا تموت، فما تظنُّ نفسـكَ فاعلاً؟ ها قد غـدا أخوكَ سـائلاً عديـمَ الملامـح.. فلتنثر يا سـيدَ الأرض أخاكَ حُـرّاً طليقاً.. أطلقه إلى الطبيعة..

كذلـك يفعل بعلُ مطيعاً الأمّ الأولى..

وهكـذا ينسـحب "يـم" مستسـلماً نحـو الثغـور ليـملأ الأعمـاقَ والحفر، وليغدو من ذلك الوقت رباً للبحارِ وحسب لا سيّداً للعالمِ والأرضِ والناس.

بينما يغدو أخوهُ المنتصر سـيّداً أزلياً للطبيعةِ والبشـر..

يلاحـظ النـاس انهمارَ قطـرات المطر من السـماء، وريحـاً خفيفةً باردةً معلنةً انتهـاءَ الجفاف ودخول الكون إلى فصلٍ جديد..

3

مملكة السماء

- ارفعوا رؤوسكم يا إخوتي بفخرٍ واعتدادٍ فقد تحررتم..

(صاح البعل) لقد بات لكم على الأرضِ ملكٌ هو ابنُ السماوات وخليفةُ الأبِ في هذا العالم.. ملكٌ رحيمٌ يحبّكم وتحبّون.. لهُ تغنّون وتقيمونَ الأعيادَ والولائم..

فوق قمة جبل صفّون[(3)] الأقرع أقيمت الاحتفالاتُ الكبرى بانتصارِ سيدِ الحياة..

اجتمع الإخوةُ السبعون ووضعوا على رأسِ بعل تاجاً مُذهّباً، ليغدو من ذلك اليوم ملكاً عليهم.

وفي الاحتفالات خدم الإلهُ الصغيرُ الساقي "ردمان" إخوته من الآلهة الجالسين في حضرة سيد الأرض..

كان السيد قد أعدّ لهم المائدةَ بنفسه، ثم وقفَ بينهم يقطعُ اللحم، وأطعم بيديه الآلهةَ والناسَ في المعابد.

"بنفسه ملأ الكؤوسَ للحاضرين، وللرجالِ الأشداء ملأ براميل وخلط عشرةَ آلافِ إبريقٍ من خمرةِ الخريف.. ومن الفرحِ والنشوة غنّى لهُ الناسُ الأناشيد، وارتجلوا من القلب الترنيمات.."

3 جبل صفون أو جبل الصفاء هكذا عرف هذا الجبل في عهد مملكة أوغاريت وهو الجبل المعروف الآن باسم الجبل الأقرع لخلو قمته من الأشجار.. وقد عرف في العهد الكلاسيكي باسم جبل كاسيوس.

في الاحتفالات شاركت ابنتا بعل الكبريان "طلّا" ابنةُ الندى والرذاذ و"بدرا" ابنةُ البرق..

***

كانت أمامَ السيد الآن مهمةٌ جليلة، وهي أن يملك بيمينهِ الأرضَ وما عليها وهكذا مشى على البسيطة يقهرُ المدنَ واحدةً تلو الأخرى، حتى غدا بالتدريج عالمُنا عابداً لبعل معترفاً بسيادته.

ثم تعيَّن على الملكِ الجبار أن يخوضَ المعركةَ تلو الأخرى وسط الصحراءِ القاحلة ضدّ الوحوشِ المفترسةِ التي لا تكلّ..

وهكذا انقضَّ عليهِ يوماً سربُ جرادِ الصحراءِ المرعب، وكاد ينهشهُ نهشاً..

صاح به ملكُ الجراد:

- هذه لكَ يا قاتلُ الأخ..

لكن بعل قاتل الوحش تلو الوحش وكانت له الغلبة كل مرة حتى دانت له مملكة الأرض بأكملها..

ثم دخل عليه يوماً وفد "الربيوم" الصالحون، وهمُ الظلال من آلهةِ العالمِ السفلي وأرواحِ الأجداد ومنهم روحُ الملكِ دانييل الذي رُفع إلى مرتبةِ القدسية..

جادلهُ الربيّونَ الصالحون ونصحوه، ثم سألوهُ بلا هوادة:

- وما أنت فاعلٌ حتى تكفّر عن كلِّ ذنوبك؟.. إنَّ على ملكِ الآلهة أن يكونَ نظيفاً نقيَّ القلب، وعليه أن يقدّم حين ينبغي الكفارة.

وفقط حين أرضاهمُ السيد دانت لهُ العوالمُ جميعُها..

وقد قبل السيد دعوةَ ملكنا نقماد ملكِ أوغاريت وفي قصرهِ أكلَ وشربَ الخمر، ثم خاطب الربّ شعبهُ:

- فـي مدينتكـم تبنـون لـي معبـداً تصعـد أدراجـهُ عبر برجٍ يُـرى منهُ جبلُ صفّون..

-وتبنـونَ معبـداً آخـر لوالدي داجـون ربّ القمـح الذي علّمكـم الزراعة وأهداكمُ الخبز..

-ثم لتنقشوا قصةَ انتصاري على ألواحِ الطين، تحفظوها في دارٍ تسموها مكتبةً بجانب المعبدين، يشـرف عليها الكهنة..

-وتقيمـون فـي العام يوماً للتطهّر الجماعي يخـرج فيه كلُّ أبناءِ المدينة مـن رجلٍ وامرأةٍ وطفل إلى المعبـد للتكفير عن الذنوب وتقديم الأعطيات وترديد الترانيم والصوات، ولتلهج ألسـنتكم باسـمِ السيّد إلى أبدِ الآبدين.

4

اللقاء المقدس

كانت فـي كل خطوةٍ أختهُ وحبيبتهُ عنات..

عاونت ربّةُ الحربِ سـيّدَ الحياة في جميعِ غزواته.

الـرؤوسَ حتى تدحرجت أمامَهـا كالكرات، وملأت جثثُ العصاةِ الأرضَ فغطّتها كالجرادِ الميت..

كذلـك خاضت عنات حتى ركبتيها في الدماء، وانتشـى كبدُها فرحاً.

ومـن جلـود القتلى صنعـتِ الكراسـي والمناضـد. وبراحتِهـا غرفت من دمائهم، وصنعت مسـحوقاً لزجاً به حمّرت شـفتيها وخدّيها.

وشـوقاً لحبيبها بيدها حملت قيثارة.

وبالمرجـان غطت الجميلةُ صدرَها.

وراحـت تغنـي أغاني الحب للعظيم بعل، وتعبر عن شـوقها لابنتيه طلا "المطر" وبدرا "الضباب والبرق"..

ثـم غنّـت لابنتـهِ الثالثة "أرشـا" -الأرض- والتـي لا ترافـق كأختيها أباها طيلـةَ الوقت في غيابه وحضوره.

***

يشتاقُ السـيّد لحبيبتهِ عنات أيّما شوق.

ويرسـل لها رسـوليه جُبن "خمـر" وأوغار "حقل-سـيد مدينة أوغاريت" معلنين الإكبارَ والاحترام:

- هلمّي إليّ أيّتُها العذراء، هكذا يقول لكِ السيد..
أسرعي ولا تتردّدي، ولتتوقفي اليوم عن الحرب..
فلئن أسرعت قدماكِ نحوي أخبرتُكِ فوق الجبال عن قصّةِ الغابات وهمسةِ الحجر، وبلغةِ البرقِ والمطر علّمتكِ تنهّد السماءِ للأرض..
لغةٌ لن يفهمها إلّانا فوقَ صخرةِ مملكتي انتصاري، حيث صنعنا فوق الجبلِ المقدس حبَّنا المقدس.

***

وهكذا عبدناكَ يا سيّدي فوق مسكنك في الجبال.. وعلى كل جبلٍ أقمنا لك قدساً...
على التلال نبذنا الحروبَ، وأصغينا لهمسِ الريحِ كي نفهم..
ومثلكِ أيّتها العذراءُ المشتاقة أعدّتِ النّسوةُ أنفسهنّ للحب نابذاتٍ الحرب، ومضرّجاتٍ خدودهنّ بدماءِ المقاتلين وقد انتشت منهنّ الأكباد..
قبل لقائهما المقدس نذرت عنات للأرضِ أرغفةَ الخبز، وصبّت عليها العسلَ من إناءٍ، وزرعت في الأرضِ الأزهار.
له اغتسلت الربّةُ بندى السماء وزيوتِ الأرض
وعلى رأسِها صبّت مطراً من الغيوم، ثم تزينت بالأصداف وبالدم دهنت وجهها وشفتيها..
ليرحب بها السيّد ذبحَ على شرفِها ثوراً وعجلاً.
ثم إنه أرسل بعيداً عن حضرتهِ جميعَ النسوةِ الأخريات..
ثم أسر إلى حبيبته بسرٍّ البرق والأمطار، وسَرَت بينهما لغةٌ هامسةٌ لا يفهمُها البشرُ ولا الآلهة..
وبعد لقائهما المقدس أمرت عنات كلَّ عابداتها أن ينادين أزواجهن وإلى الأبد: يا بعلي..

5

قصرُ بين الغيوم

ثمَّ إن بعلاً اشتكى بمرارةٍ يوماً لحبيبته:

- كيف لا يكون لنا أيتها الحبيبة بيتُنا وعشّنا؟ وكيفَ لسيدِ الأرض أن يحكم الأرض من العراءِ في أعلى الجبل دون قصرٍ منيف؟..

أيكون ملكٌ دون بلاط؟

وكيف يكونُ الملجأُ الوحيد للجبار بعل وبناته وزوجاته هو قصرُ أبيه إله السماوات؟..

- ومن دونه لا يُعبد إله.. غداً أجذبُ الثورَ أبي من ردائه، وإن لم يستجب لندائي لطختُ لحيتهُ البيضاءَ بدمائه.

وهكذا زرعت الثائرةُ قدميها على الأرض فاهتزّ لها العالم، وإلى منبع النهرينِ والمحيطينِ اتجهت، وإلى بلاطِ أبي السنين دخلت:

- سوف لن تهنأ بقصركَ ذي القاعات السبع يا ذا الحكمة، ولن تفرح بتاجكَ الأبدي إن لم تنصف ملكنا وقاضينا بعلاً.. ليس للجبار بعل قصرٌ أو بلاط، وفي العراء تنامُ بناتهُ الأربع!..

إن البحرَ مستقرُ عشترت ويم، وفي كبدِ السماء مستقرٌّ شمش الساطعة، وفي عالمه السفلي ينامُ موت، ولشاهار وشاليم وعشتر الزهرة في عالم الفضاء..

فلئن أعطيتَ ملك الأرض بلاطه وقدسه سقيتكَ خمرةَ الدماء وإلا..

هنا يجيبُها ذو اللحيةِ البيضاء مغتاظاً:

- إلـى مسـعاكِ يا عاشـقةَ الدمـاء لا أجيبكِ أبداً.. يا مـن ارتجّت الأرض لخطواتك، وسـمع الكونُ زئيركِ عبر جدرانِ قصري..

***

ثم أرسل بعل اليائس صيادَ عشترت قدشو إلى أخيه كوثار.. وقد اعتاد السـيد على إرسـال الرسـول القـدس إلى كل مـكانٍ لحـلّ معضلاته وإبلاغِ كلمتـهِ إلى الناس..

يدخـل كوثـار الصانـعُ الماهـر إلـى مصهـره، ويمسـك بيـدٍ كيـر الحـداد وبالأخـرى ملقطاً، ثم يهدي الرسـول قدشـو صندلاً نفيسـاً ومنضـدةً مذهبة ووعاء فضياً منقوشـاً بالوعول.

ثم يدخل بعلُ على أمّه حاملاً تلك الهدايا النفيسـة لكسـبِ رضاها..

جلسـت عشيرات فوق صخرةٍ على شـاطئِ البحر حاملةً مغزلها..

كانت أمُّ النساءِ قد غسلت في الماءِ ثيابها، وعلى النار وضعت مرجلَها، وفوق الفحم وعاءً لتطهو..

- ما الخطبُ يـا أبنائي؟.. ولمن هذهِ النفائس؟..

- لأم الآلهـة عشـيرات، وكـي تقنـع أبا السـنين أن يعطي السـيد مملكتهُ الأبدية والتي لا تسـتقيمُ إلا ببناءِ معبد..

أمـرت عشـيراتُ صيادهـا أن يرمـي بشـبكتهِ فـي الميـاه حتـى يطعـمَ الضيوف، ثم أسـرج قدشو لها بغلاً زارت به زوجها:

***

- أهو الشـوقُ قد أتى بأمّ أبنائِنا إلينا؟ "يبتسـم الثور في شكٍ"..

فلتأكلـي على منضدةِ إيل، وتشـربي دمَ من كؤوسِ الذهب إلى جانب حبيبك الأزلي..

كذلك فعلت أمّنا العظيمة..

- ولتطلب خالقةُ الآلهة، فلها اليومُ كلُّ ما ترغب..

- بلاطاً لراكب الغيومِ أطلب.. من أرز سيريون "حرمون" ولبنان ومن الآجر واللازورد جدرانه.. بعد أن عطشت الأرض وجفت سيخصص بنيّ في قدسه وقتاً للبرق والمطر ووقتاً للثلج وزمناً نسمع فيه صوته الهادر ما بين الغيوم.

هنا يعطي ربّ السماوات ضاحكاً لامرأته مجرفةً لبدء البناء، فتبتسم عيناها متهللةً وتمدحهُ:

- ما أشدّ حكمتك أيها الثور.. إذ غالباً ما تنصت لشعيراتِ لحيتكَ الرمادية التي تنصحُك..

6

الشتاء

انطلـق صوت المختفي بين الغيوم هادراً كالرعد لأخيهِ الحاذقِ كوثار

- أسـرع أيهـا الحـداد بتنفيـذ أوامـر أبيـك، ولتبـنِ لـي في أعالـي جبل صفّـون قصراً شـاهقاً منيفاً بألفِ غرفة.. ولكـن لا تتأخر يا أخي..

- لبيـك يا راكب الغيوم، ولكن لتسـمع بدوركَ نصائـح البَنّاءِ الماهر..

سـوف يبنـي لـك أخوكَ اليـوم قصراً شـاهقاً، وفي وسـطه يجعل نافذةً كبرى تراقـب من خلالها أرضَ مملكتك والبشـرَ عليها..

- كلا يـا كوثـار.. لا تجعـل أبـداً فـي جـدران القصـر أو في أرضـهِ حفراً تدعوها نوافذ..

- وحتى الملك بعل ذاته سـيعود يوماً ليسـمع نصائحَ الحكيم الماهر.. فلتفتـح فـي الجـدار يـا أخـي فتحـةً كبـرى ترسـل عبرهـا للبشـر صوتـكَ وأمطارك..

- إيـاك يا كوثـار.. وإلا هربت من النافذة بناتي.. إيـاك والنوافذ، فكما لهـا منافعها هي كذلـك مدخلٌ للفوضى..

- سـتذكر يـا ابـن الـربّ نصيحتي يومـاً، وسـتطلب مني آنـذاك فعل ما ترفضـه الآن بحزمٍ لأجل خير الأرض..

- إياك أيها الصانع، وإلا صحوتُ يوماً ورأيتُ عبر الحفرة الوجهَ الكريه لغريمـي يـم.. ومـن الحفرة يتسـلل الماءُ لبيتي، وعبرهـا أخي في وجهي

كما عاشت فيضاناتهُ في الأرضِ فساداً..

- لبيكَ يا أخي!..

***

آمراً:

- اذهبوا أيها الرجال لجلبِ خشب الأرز.. اذهبوا "إلى جبل لبنانَ وعيصه "شجره" وإلى جبال شرين "سورية" المحمود أرزهُ[4]".

أوقدوا أيها الرجال النار سبعةَ أيامٍ بلياليها، واصهروا فيها الذهبَ والفضّة، واكسوا بها الجدران، ثم غطّوها باللازورد والأحجار الكريمة..

عند اكتمالِ البناء صاح الملكُ فرحاً بقصره وبلاطِ حكمه:

- من الفضّة أعليتُ بيتاً، من الذهبِ بنيتُ قصراً..

غداً يزورُني إخوتي السبعة والسبعون ليحتفلوا معي بمسكني الأزليّ، ولينتظم كلٌ منهم في مكانه الأبدي وفي نظامِ الأرض يفعل كلٌ فعله..

مع كؤوس الشراب أطعم العظيمُ إخوته الأرباب كِباشاً وثيراناً..

مع خمرة الخريف أطعم العظيمُ أخواتِ الربّات نعاجاً وعجولاً..

ومن قصره العظيم أكمل الربّ انتصاره الأبدي بتنصيبِ الأربابِ له ملكاً.

وهكذا أقيمت له المعابد في الأرض، واحتفل فيها البشرُ جميعاً.

***

ودان للملكِ الناسُ كلّهم، لكنهم بكوا جميعاً وتحسروا إذ ما زال العالم في يباسٍ وجفاف..

4 يرد اسم سورية بهذه الصيغة "شرين" يقصد بها جبال القلمون التي أطلق عليها الجغرافيون الأوروبيون اسم جبال لبنان الشرقية، أما في سفر التثنية الذي كتب في القرن الخامس ق.م فيرد هذا الاسم بصيغة جبل سريون الذي خلف صيدا.

صاح السيدُ المبتهج بقوتهِ وجبروته بعد أن راقب احتفالات الحياة بنشوةٍ جبارةٍ من بين الغيوم:

- ما أقواني اليوم.. أنا الساعةَ لا أخشى شيئاً.. ولا حتى خصمي "يم" أخاف.. لقد ملكتُ الأرض وما عليها، فلتجعل إذاً يا أخي كوثار لي وسط قصري نافذةً هائلةً، ولتفتح لي بين الغيوم أخدوداً عظيماً..

هنا ضحك منهُ أذكى الآلهةِ منتشياً.

ثم حمل بيدهِ كير الحداد، وأمامه اضطرمت النارُ الأزلية:

- الملك ذاته يتراجع، وبحكمةٍ يستمع إلى نصائحِ الحداد الأول.. اليوم أجعل لك بين الغيومِ أخدوداً عظيماً..

ثم نطق الربّ بين الغيوم ولفظ سره..

ثم نفث الرياح، وأطلق عبر الأخدود العظيم بَزقَهُ، فانهمر المطرُ مدراراً عبره..

وهكذا اهتزّت الأرض نشوةً إذ سالت عليها مياهُ الحياة..

عصفت الرياحُ بالشجر فاختبأ الناسُ في الأكواخ مشاهدين رسالة بعل إليهم في السماوات..

وقد علموا أن العالم يتغيرُ الآن أمام أعينهم ويتحول..

لقد اخضرّت المراعي ونبتت الأزهارُ والثمار وأورقت الأغصان..

هو إذاً الفصلُ المطير.

"هكذا صاحوا امتناناً وعرفاناً"

- وإذن لن نموتُ من الجوع والعطش.. شكراً من القلب يا سيّدَ الأرض!..

7

سيد الحياة

ابتسم السيد راضياً وهو يراقب المطر ينهمرُ عبر النوافذِ التي رفضَ في البدايةِ فتحَها.

لولا أخاديدُ السـماء لما عاشت الأرضُ وأنبتت..

أخذتهُ النشـوة المطلقة وهو يراقب أسرابَ الطيور في الشتاء تحومُ في السـماوات، ورأى الغيومَ الداكنة تتراكض متسارعةً.

ومن شـدة الرياح أمسـك خصومهُ الضعفاء بالأغصانِ وجذوع الشجر..

لقد بـات الملك اليوم أقوى مما ينبغي..

إيل ربّ السـماوات ذاته لم يبلغ في حياته هذا المجد..

فكّر إيل في سره:

- "كيف لا يعلم سـيدُ الحياة ناموسَ الأرض؟".

خاطب السـيد رسوليه جُبن "خمر" وأوغار "حقل":

- اليوم سـأذهل رعيّتي إذ أحوّل لهم ، وإذ يفتح البشـرُ عيونَهم الحجاب الذي يكسـو وجهَ الضوء إذ يغدو الكونُ برمّتهِ رمادياً..

ثم يأمر الربّ رسـوليه كما لو كان يكلم نفسـه:

- علـى ربّكـم أن يسـيطر على كل مناحـي الحياةِ وقـوى الطبيعة.. حتى على العالم السـفلي سـأحكم كي لا يوجد في الأرض موت..

غداً تسـافران إلى صخرة المجذومين علـى الهضبتين اللتين تحدّان آخرَ حدودِ الأرض..

ارفعا الصخرة بيديكما واهبطا إلى دار الحرية الأزلية في أعماقِ الأرض.. وادخلا ميري مدينة أخي "موت"..

هنا ارتعد الرسولان ذعراً!

- في ميري تعثران على العرش، وعرشُ أخي موت حفرةٌ في الأرض يجلس بها.. وأرضُ مملكته كلها غبارٌ وترابٌ وقذارة.. وساكنو عالمهِ يأكلونَ الطين..

- أمرك أيها الملك!

- وحذار أيها المبعوثان من الاقتراب من "موت" المقدس، وإلا جعلكما بين فكّيه كحملين، وانجرفتما في بلعومهِ الهائل كطفلينِ رضيعين.

- نعم أيها السيد..

- واذكرا أن "موت" الرهيب يرغم "شبش" على العملِ لديه نصفَ يومها، ولذا تلتهب أرضه بحرارتها الرهيبة ولهيبها المحرق.. لذا حاذرا من الموت احتراقاً أو أن ينسلخ عنكما الجلد..

انحنى الرسولان الهلعان، وسمعا سيدهما يكمل:

- في حضرة "موت" انبطحا له تبجيلاً، وعند قدمي أخي ذكّراه أن بعلاً باتَ اليوم سيّدَ العالم الوحيد.. بعلٌ الذي بنى قصره من الذهب والفضة هو الملك، وأمامه اجتمعت الآلهة السبعون تبجيلاً واعترافاً بسلطانه.. ما عدا "موت" الذي رفضَ يومها الحضور!.. أما علم أخي أن للحياة سلطاناً على الموت؟

وهكذا أطاع "جُبن" و"أوغار" وصايا السيد، وسافرا إلى العالم السفلي.

وهناك أعادا مرتعدين على مسامع "موت" المرعب داخل حفرته الكبرى كل كلماتِ سيد الحياة..

8

الحياة والموت

انتظر بعلُ زمناً سـماعَ ردٍّ أخيه في العالمِ السـفلي، انتظاره طال زمناً..

راح الملـكُ يتحسـر وهـو ينظـر حولـه ملاحظـاً أنّ لقوتـهِ المطلقـة حدوداً ونهاية:

- هو ذا الموتُ يطارد دون كللٍ كلَ شـيءٍ حي.

انتحب السيدُ في حزن:

- بعـد خضـرةِ الزرع يحلُّ دوماً اليباس، وبعد الشـباب تأتي الشـيخوخة، وبعـد حياةٍ كلٍ منّـا مهما طالت يأتينا دوماً الموت!

يجيبه رسـولاه موافقين نائحين:

- في مملكةِ الأرض أيها السـيد هذه هي القاعدةُ الأبدية، إذ ينتشـر في النهايـة الحريـق ليلتهم كل الغابات التـي صَنَعتَ، ويكسـو اليباسُ المراعي التي خَضَّرَتها يداك..

هنـا يزأرُ البعل حدد غاضباً في يأس:

- ولكـن لماذا يلاحق أخي اللدود "مـوت" بعنادٍ كالظل كلّ ما أصنع؟

ولِـمَ يغزو بخبثٍ مملكتي ويتسـلل محطّماً كل دفاعاتي؟

لـمَ لـم يحضُر أخـي مأدبتي الكبـرى وينحنـي كجميعِ الآلهة لسـلطاني وهو منهم؟..

***

هنـا تأتيه أخيراً رسـالةُ "موت" الرهيبـة والتي جَمَدَت أطرافه:

- أنسـيتَ يا حدد أن بإمكاني النفاذ إليك أنت كما أنفذ إلى كل شـيءٍ آخر على هذه الأرض؟..

لقـد قتلـتَ يا بعـل التنينَ لوتـان "ليفياتان" ذا الرؤوس السـبعة، ولكنّ بمقدوري وحدي تحطيمكَ وسـحقكَ إلـى قطعٍ صغيرة..

عليـك يا بعـل الهبوط كالآخرين إلى العالم السـفلي، ولتدخل بقدميك إلـى حلق مـوت الهائل.. وليكن مسـكنك بدورك أعماقَ ميري..

بكى الرسـولان فزعـاً مردّدين كلمات الوحش المرعـب بفكّهِ الهائل:

- إن شـهيّتي يـا بعـل حدد كشـهيةِ الضواري في البريةِ لا تشـبع.. وكما تشـتاقُ الدلافيـن إلـى عـرض البحـار، وكما توقـعُ البـركُ الموحلـةُ بالثيرانِ البريـة وقطعـانِ الأيائـل أشـتاقُ أنا للطعـام موقعـاً بالمخلوقـات.. ونهمي هو للطين الأحمر، ومن الطين أجسـادُ البشـر ودماؤهم..

وتابـع مـوت تهديـده بلا كلـل مكشـراً عـن فكـه الهائـل ذي الأسـنان المريعـة ورافعاً إصبعهُ السـوداءَ العظيمة:

- ألمائدتك تدعوني أيها "السيد" لأجلس مع إخوتي وأتناول من يديكَ الخبزَ والخمر؟..

ثم يقهقه:

- كمـا سـحقتَ التنيـن يومـاً علـى رأسـكَ السـماء لتسـحق عظامـك، وألتهمك ذراعاً بعد ذراع وسـاقاً بعد سـاق..

هنا شـهق بعل في فزعٍ وتسـاءل غير مصدق:

- أهـي إذاً نهايتي؟.. نهايةُ كل شـيءٍ حي؟..

9

مصير الأشياء

يرفع الوحشُ الأسودُ المرعب شديدُ النهم إحدى شفتيهِ إلى السماء ويفرد الشفةَ الأخرى على الأرض، وأما لسانهُ الهائل فيبلغ النجوم.

يراقب بعل مذعوراً كيف أيبس أخوه بحريقهِ أغصان أشجار الزيتون، وجفّف دون كللٍ الحقل والغابة منهياً الحياةَ في كل مكان،

وهكذا بات يخشاهُ من الأعماق، وراح يرتعد خوفاً إذ يذكر صورتهُ..

زعق الموتُ بصوتٍ أجشٍ هائل:

- إنَّ سلطاني عليك يا بعل كما على كل شيء حي.. وحدي في النهاية من سيحكم على الأرض .. حتى الوفرةُ تنتهي إلى يباب، والتكاثرُ يستحيل عقماً.. فلتدخل يا بعلُ أعماقي، ولتهبط عبر فمي إلى داخلِ أحشائي.. ليحترق زيتونُ هذه الحياة، الثمر من على الشجر.. أنا أكمن داخل كل شيءٍ حي ثم أكبر رويداً رويداً، إذ تحملُ الكائناتُ في بطنها بذورَ فنائها.

صاح بعلُ مذعوراً:

- إلى من ألجأ اليوم؟.. ومن ينصحني؟..

هنا ذهب السيد إلى أخويه الصغيرين "شغر" و"إثام" إلهي قطعان الماشية والحيوانات البرية، ورجاهما بائساً محطماً:

- ابعثا يا أحبائي إلى "موت" النهم بقطعانٍ من الخرفان والعجول والخنازيرِ البرية علها ترضي نهمه فينصرف عني.

امتثل الكريمان "شغر" و"إثام" لتضرعه بإرسال قطعانٍ من الحيوانات دخلت تباعاً في العالم السفلي إلى أحشاءِ موت..

لكن موت لا يلبث أن يزعق بعد كل وجبة:

- سأدفنك يا بعل في قبر الأرباب الموتى.. سأسلبكَ غيومك وعواصفك وأمطارك، ومن يدك أستولي على الصولجان الذي تصنع به الرعد..

هنا يبكيُ بعل مرتعداً وهو يسمع الوعيدَ المرعب:

- وتختفي معك ابنتاكَ الكبريان "بدرا" و"طلا" إذ تموتان بموتك.. سترفع بيدك الجبال وتهبط إلى دار الحرية الأزلية حيث ستنبطح في قبرك الكبير ووجهك للأسفل حيث ستُحسب مع الموتى..

***

هنا ركع بعل أمامَ الإله الأعلى "إيل" طالباً منهُ العون والنصح:

- أنت يا أبتِ ملجئي الأخير.. أيؤول إذاً كلُّ ما بنيتُ للموت؟

لكنه سمع من فمِ الحكيم الجوابَ المرعب:

- على الأرض ينبغي على الجميع، وحتى بعل نفسه الخضوع لسلطان الموت..

آنذاك فقط سلّم بعلُ يائساً لحكم ربّ السماوات..

ينظر حولهُ في أسى ملاحظاً أن لكل شيءٍ نهاية..

الحياةُ السعيدة إلى نهاية.. جميعُ الأفراحِ والمالِ والوفرةِ والأطفال جميعُهم إلى زوال..

حتى الخصبُ والزرعُ والخضرةُ كلٌ إلى يباس، وهكذا الحياةُ لا تدوم..

يرسل بعلُ رسوليه في استسلامٍ كاملٍ لحكم موت:

- نعم أنتَ المسيطرُ وأنت الأقوى.. ما جبروتي وشبابي وقوّتي إلا

محضُ وهـم.. كذلك خضـرةُ الحقـولِ ومطرُ الشـتاءِ جميعُها حلـمٌ جميلٌ عابرٌ وسراب..

ابتهج "مـوت" المرعب أيما ابتهاجٍ بحكـم أبيه إيل له، وقهقه بصوتهِ الأجش:

- فلتتنـاول إذاً أيهـا الإلـهُ الفانـي وجبتكَ الأخيـرة، نفسـك لسـلطاني.. سـتحترقُ الأشجار ليعرف الجميع عند ذاك أن سيد الحياةِ قد مات..

10

الرحلة الأخيرة

زارت شمش الحنونة أخاها الموشك على رحيله الأبدي..

يبكي العظيمُ بعل لأختهِ رافعاً عينيهِ إلى السماء:

- لقد تركني أبي لقدري الرهيب يا أختاه وهجرني.. لمَ يا إلهي هجرتني؟..

- لستَ وحدكَ يا أخي.. لا تنسَ أنّني أدخل بدوري كلَّ يومٍ مقبرة الآلهة عابرةً الجبلين الشاهقين الفاصلين بين عالمِ الأحياء ومملكة الموتى، ثم أُمْضي في الظلام نصفَ أوقاتي في ضيافةِ إله الفناء..

أومأ السيد موافقاً، فأكملت شمش:

- إن عليك أن تتكيّف مع ضرورةِ الموت.. جاهد للبقاء في مملكة الظلام كما فعلتُ قبلك، ولتقدم لذي الشهية الذي لا يشبع من هو على صورتك بديلاً.. إنَّ على الحياةِ يا أخي أن تجدَ لها منفذاً في النهاية من براثنِ الموت، وعلى البشرية رغم حقيقة الموت أن تتفادى الفناءَ النهائي.

وهكذا اصطحب بعل أمطارهُ وغيومهُ وصواعقهُ في رحلتهِ الأخيرة، ولحقت به ابنتاهُ النائحتان العيون..

في الطريقِ إلى مملكة الظلال والأشباح تناولَ بعلٌ وجبتهُ الأخيرة،

ثم وقعت عيناهُ على عجلةٍ حسناءَ وسط الحقول..

ثم إنه اضطجع مع العجلة سبعاً وسبعين مرةً، إلى أن ولدت له ابناً على شاكلته..

فتح بعل عينيه محدّقاً بالفتى في ذهول..

- كم يشبهني!

ثم إنه كسا البديلَ ثياباً ومئزراً قصيراً.

ثم وضع في يدهِ صولجان الرعد وقلبهُ ينبض بعنف..

***

ثم عبر الرَكبُ الجبلين الفاصلين إلى العالم السفلي..

في عالم الموتى قدم بعلٌ بديلَهُ إلى الوحشِ الذي لا يشبع، والذي التهمهُ على عجلٍ وفي سرورٍ بالغ..

على أرضِ الهاوية سقط بعلٌ بعنف، فارتطم جرمهُ الهائل بالأرض محدثاً صوتاً مدوياً..

في مقبرة الآلهة -حيثُ ينبطح سيدُ الحياة ووجهُه للأسفل- تعضُ شفتا العظيمِ الثرى وعيناهُ مفتوحتان عن آخرِهما.

فليسمع القاصي والداني..

لقد هلك اليوم سيد الحياة!

والحياةُ ذاتُها في كل مكانٍ ستبلغ نقطةَ النهاية، وعلى العالم سيسيطر الفناء وتتوقف الأمطارُ زمناً ويعم المحل..

لقد تلاشتِ الحياة وجفَّ الزرع واحترقت الأشجار وماتت الماشية..

أين أخطأنا يا إلهي، وما نحن اليوم فاعلون؟..

السِفْرُ الثالث

القيامة

1

الإله الشهيد

يرفع حليفا بعل الرسولان المقدسان ذراعيهما ويأخذان في النواح..

يسأل أوغار -الحقل- "راعي مدينة أوغاريت":

- والآن ما نحنُ فاعلون؟..

يجيبه أخوه جُبن "خمر":

- لنتوجه يا أخي إلى الحكيمِ إيل حيثُ منبعُ النهرينِ والبحرين..

في بلاط أبي السنين يصيحُ الرسولان الإلهيان:

- لقد فني السيّدُ يا إله السماوات.. عثرنا على سيد الخصبِ والمطرِ ميتاً.

- كان وجههُ المبارك مغموساً في التراب، وجسدهُ الهائلُ مسجّى وسطَ حقلٍ أخضرٍ فسيح.. وإلى جانبه استلقت فأسهُ المباركة..

إذ يسمع ربّ الرحمة في السماوات بنبأ موتِ ابنهِ وربيبهِ يُصابُ بالصدمة.. ثم ينهارُ حزناً واقعاً عرشهِ إلى عتبة العرش، ومن العتبة إلى الأرض..

يُصابُ بقيةُ الأرباب بالذهولِ وعدم الفهم إذ يرون دون ما يفعله ربّ السماوات..

ومنهُ يتعلمُ الناس طقوسَ الجنازة..

يغرس إيل ركبتيه في الأرض على رأسهِ رماداً من الحسرة، وعلى وجههِ ينثر غبار اللوعة..

ثم يرتدي عباءةً فضفاضةً من الخيش..

وبموسٍ من الصوّان يحلق إيل رأسهُ وسالفيه، ثم يدقّ الترقوةَ بيده ويحفر صدره كما يحرث المحراثُ الحقلَ..

يمزق الربّ رسغيه، وفي خصرهِ يحفر وادياً..

ثم يجولُ الرحمنُ الجبالَ والطرقَ نائحاً عبر غابةِ الأسى ومعلناً النبأ على الجميع:

- لقد مات السيد.. ماذا سيحلُّ ؟.. وما سيحلُّ بالوفرةِ والخصب؟.. لقد ماتَ أيها البشر ملكُكم!

يتبعهُ الناسُ باكين، ويُعلم واحدُهم الآخر في أول جنازةٍ في العالم.

***

لم نصدق نحنُ البشر أن الملكَ يمكنُ أن يموت!..

بصوتٍ مرتجفٍ رحنا نغني له الأناشيد، ونصلّي لقيامتهِ متضرعين..

مع موتِ سيّدِ الحياة يحلُّ على الأرض فصلُ الصيفِ الطويلِ القاحلِ والقائظ، ومعه يموتُ بالتدريج كلُّ شيء..

يجتمع الكهنةُ في المعابد، وعلى شرفِ سيّدِهم القتيل يأكلونَ الحملان.

ثم تحذو كسيرةُ القلب أنات حذوَ والدِها، فترتدي الخيش وتجرح خدّيها حزناً وتحفُر في صدرِها بحيرةً من الأسى، وعلى الملأِ تنوح:

- لقد مات الحبيب.

تشرب أناتُ دموعَها من كأسٍ كالخمرة..

ثم إنها تزورُ أختَها المفجوعةَ شبش، وترجوها:

- لتساعديني أيتُّها الساطعة كي أعثرَ داخل أعماق الأرض على جثةِ الحبيب.. إنّ علينا دفنَ جسدهِ المسجى.. وهناك إلى مملكةِ العالمِ السفلي لا يصل أحدٌ غيركِ أيّتُها الشمس..

2

الصيفُ الطويل..

توافـق على القيام بالمهمة..

وهكذا تـروحُ الأختُ الحنون باحثةً أياماً طويلةً عن ظـلِّ أخيها في كل مكانٍ، حتى بلغ اليـأسُ منها مبلغاً كبيراً..

في الوديانِ والحقولِ والأنهار تتسـلّل أشعّتُها الحمراء، وحتّى في مملكةِ الظلال حيث تُمضـي الليل لا تتوقّف عن البحث..

حين تعثر أخيراً على الجسـدِ المسجّى في ، ترفع شبش بأشعّتِها القوية الجثّةَ الهائلة..

ثم على كتفـي عنات القويتين تضعها..

وهكذا تتعاون الأختانِ المفجوعتان على حمل بعل الشهيد إلى خبايا جبل صفون..

هناك تدفن عنـاة بيدين مرتعدتين بعلاً في حفرة..

ثم تضحّي العذراءُ المحبةُ للدماء بسبعين ثوراً وسبعين بقرةً وسبعين غزالاً وسبعين حماراً كما يليقُ بملك الآلهة..

لقد علمتنا ربةُ الحرب أن نسـفك الدمَ على روح الميت..

***

وهكـذا النـاسُ اللحـم في وجبـةِ الجنازة داخـل معابدِ بعل.. في أسـى عمّا إذا كانَ السـيّد سـيعودُ إليهم يوماً، وتعودَ حياتُهم سـعيدةً كما كانت..

ولكـن رغـم الحـرارةِ والعطـشِ والجفـاف كان قمحُهـم المـزروع داخلَ الأرض ينمو ببطءٍ دون أن تفسـدهُ عواصفُ الشـتاء وفيضاناته..

يتسـاءل الناس بفزعٍ في صلواتهم:

- كيف ستكتمل دورةُ حياتِنا على هذه الأرض دون عودةِ سيّدِ الحياة؟.. ودون الزراعة البعلية؟

بعد انتهاءِ مراسـمِ الدفن تدخل عنات قصرَ أبيها في السـماء..

كانـت فجيعتُهـا قـد اسـتحالت غضبـاً.. وهكذا تنهـارُ علـى ركبتيها أمام العـرش ثم تصيحُ في جنون:

- والآن مـا أنتـم فاعلـونَ بعـد مـوتِ السـيد؟.. لقـد وقفتُـم جميعـاً في خمولٍ، وهجرتم السـيد، وتركتموهُ يكابد مصيرهُ وحده..

غير أن صيحاتِها لا تحصد سـوى الصمت..

- ليبتهـج جميـعُ إخوتـي الذيـن لم يـؤازروا بـعلاً، ولتفرحي يا عشـيرات فرحـكِ العـارم، واختاري اليومَ إلهاً آخر مـن أبناءِ رحمك ليحكمَ هذه الأرض التـي غرقت في القحطِ والفوضى..

هنا يصيحُ ربّ السـماء في زوجته آمراً:

- أعـطِ يـا إيلات"[5]" واحـداً مـن أبنائـك إلـيّ كـي أعيّنـه ملـكاً علـى الأربابِ الآخرين..

ردّت عشيرات الأرباب:

- نختارُ أيها الثـور من يملك المعرفةَ والذكاء..

عارضها إيل بحصافة:

---

5 إيلات مؤنث أيل.

- بـل ليكـن هذا الملـكُ صلباً قويَّ العود.. أن يُجـري الرياحَ في الفضاء، وليطلـق ابنُنـا رمحهُ في السـماء كبرقِ بعلَ السـاطع.. وهكـذا يهطلُ المطرُ عند الحاجة ليشـفي ظمأَ الأرضِ العطشى..

لكن عشـيرات أجابتهُ في عنادٍ:

- بل نجعل ابنَنا عشترَ الرهيب ربّ النجمة ملكاً اليومَ بعد أخيهِ القتيل.. لقـد انتظـر عشـتر بصبـرٍ دورهُ زمنـاً طـويلاً، وإذاً فليحكم مـن الآن فصاعداً الناس والأرض..

تنهّد إيل بعمقٍ، ونظر إلى زوجتهِ نظرة شـكٍ وحيرة..

3

عَشْتَر وبدرا

التمعـت عينا عشـتر ربّ نجمةِ الصباحِ والمسـاء في ذهولٍ وسـرور غير مصدقٍ أذنيه..

لقـد تمنـى الإلهُ المضـيء منذُ دهورٍ أن يغـدو ملكاً علـى جميعِ الآلهة، وانتظرَ بفارغ الصبـر قدومَ هذهِ اللحظةِ المجيدة.

كان الإلـهُ الشـاب قـد اتخذ في تلـك الأثناء من ".. ولكنهـا أُرغمت اليومَ على الانزواءِ والانعزال بغيابِ أبيها الشـهيد..

وهكـذا فقـد أقام الإلـهُ المضـيء الاحتفـالاتِ الصاخبة بمناسـبةِ خلافته للعرش بعيداً عنها..

وحيـن أزفت لحظةُ الرحيل أقبـل مودّعاً حبيبتهُ ابنةَ بعل..

حين سـمعت الابنةُ الجريحة كلامَ عشـتر ناحت وندبت حظها قائلةً:

- لـم حُكم علـى الضياء أن تعاني من فقدِ الأبِ والزوج في الآن ذاته؟.

وهكـذا ترقرقت عينا البدرِ الجميلتان بغلالةٍ شـفافةٍ من الدموع..

أجابها عشتر معللاً:

- من بين أربابِ الفلكِ الخمسة الساطعين في السماء لم أنل يا حبيبتي إلا مركزاً ثانوياً..

لقد تباهى التوأمُ شاهار وشاليم (الفجرُ والغسق) دوماً بأنهما بِكرا إيل، بينما حكم ياريخُ الجميل إلهُ القمر عالمَ الليل، وأما شبش فقد حظيت على الدوام بمكانةٍ خاصة..

اليومَ فقط أعطاني أبي عرشي الذي أستحقّ، وبات عليَّ الساعةَ أن أمضي كي أجلسَ على العرش وأديرَ شؤونَ العالم..

***

وهكذا مضى الرائعُ عشتر صباحاً، ومشى باحثاً عن عرشِ أخيه،

وحيثما مشى راح كوكبهُ الشاحب في السماء "الزهرة" يلاحقهُ ويحرس خطواته..

بينما غرقت بدرا في بحرِ دموعها..

ومعها جلست أخواتُها الثلاث طلّا وأرشا ويبرُدماي الصغيرة لمواساتِها، قابضاتٍ على ذراعِها النحيل برقةٍ وحنان..

تنهّدت طلا "ربّةُ المطر" مخاطبةً أختها الحزينة:

- لقد كُتب علينا يا بدرا أن نختفي عن الأعين أنا وأنتِ، وننزوي -ربّما إلى الأبد- إلى أن تحصل معجزةٌ ما..

أجابتها أرشا "ملكةُ الأرض" في أسى:

- نعم فلا ضباب في السماء ولا مطر على الأرض في غيابِ أبينا الشهيد..

وهكذا عاشت بناتُ بعلٍ الأربع في محنتهنّ وحيداتٍ يكابدن ويلاتهنّ في صمت..

4

عشتر على العرش

تسلّق الإلهُ المقدامُ الشاب أعالي جبلَ صفّون باحثاً في همةٍ وجدٍّ عن عرشِ أخيهِ الأكبر، وحاملاً بيدٍ صولجاناً وبالأُخرى شُعلة.

بعد طولِ عناءٍ يعثرُ الإلهُ الرائع على عرشِ سابقه على قمة الجبل الشاهق الأقرع.

ولكنه يصابُ فوراً بالذعر حين يلاحظ ضخامته!..

وإذ اعتلى عشتر بصعوبةٍ عرشَ عليان بعل "العلي" وجلس عليه لاحظ أنّ قدميه لم تبلُغا مسند القدمين

حاول الزهرة أن يتمطّى يتطاول، ولكن دون جدوى..

وكذلك لم يبلغ رأسُ ربّ نجمة الزهرة قمّةَ العرش، فلا يكادُ الربّ يُرى إذ يستوي على العرش!

***

الآن وقد باتَ للأرضِ ملكٌ جديد انتظرَ البشرُ طويلاً هطولَ المطر بعد طولِ

ولكن بلا جدوى، فالمطرُ لم يهطل!

وهكذا فقد تضرّع الناسُ طويلاً أن يروي ظمأَهم.

لكـنّ عشـتر لـم يقـدر أن يزفرَ الريـاح، ولا أن يجلـبَ كأخيـهِ العاصفةَ أو مياهَ المطر.

وهكـذا فقد صاح أخيراً فـي الناسِ بغضب:

- فلتملـؤوا الأوعيـةَ مـن البئـر وكذلـك الحيـاضَ مـن مـاء النهـر، وبهـا ترووںَ الحقول..

كذلـك فعل البشـرُ اليائسـون فحفـروا الآبار حتى لا يمـوت زرعُهم في ذلـك الصيف القائظ،

ولكنهم أُنهكوا واشتكوا في سرّهم من أن الآلهةَ لا توفّر لهم حاجاتِهم على الأرض..

دون أن يقصـد علّم عشـترُ الناسَ الريّ وصار إلـهَ الري وعكس بعل..

***

كان عشـتر يشـعرُ بالأسـى الشـديد وهو يحاول عبثاً تدبيرَ حياةِ الناس وحكـمَ الأرض، وقـد أدركَ اليوم أن حكمَ مهمـةٌ صعبةٌ حقاً..

ثـم حـاول دون كلـلٍ أن يتمطـى علـى العـرش كـي تبلغَ قدمـاه الأرض وليـملأ مكانهُ المناطَ به..

لكنـه في النهاية صاح فـي ذعرٍ معلناً:

- أنـا لا أقـوى على الحكمِ في أعالي جبـلِ صفّون، فأيّ إلهٍ أنا؟

اعترف الإلهُ نائحاً:

-نعـم.. عشـترُ الرهيـب ليـس مَلِـكاً لأنه أصغرُ مـن العرش، ولأنّـهُ ليسَ هـائلاً بما فيه الكفاية كي يحلّ محلّ السـيد..

وهكذا هبطَ ربّ نجمةِ الصباح والمسـاء عن عرشِ السـيّد مستسـلماً..

نحـو قصـر أبيـهِ في السـماوات مشـى مُتهالكاً كسـير القلـب، ثم دخل البـلاط في قمّةِ اليأس، وعلى الأرضِ ركعَ أمـامَ أبيهِ باكياً..

- المعـذرةُ يا إلهي وأبتي..

لكـنّ إيـل العطوف -الذي وبَّخَ بعينيه عنادَ أمّ الآلهة- مسـحَ على رأسِ ابنهِ فـي حنانٍ وخاطبه:

- لا عليـكَ يـا بنـي، فأنـت ربّ النجمـةِ ومـا زلـت.. ومـن الآن فصاعـداً تصبـح كذلك إلهاً راعياً وحارسـاً لنهـر الموتى في باطن الأرض..

وهكذا راح عشـتر القانـع بمملكتهِ الصغيرة يختفي كأختهِ شـمش زمناً فـي غياهبِ الـظلام أكثر مما يُظهر للبشـرِ وجهه المضيء..

وبغيـابِ حامـل الشـعلة يبقـى عالمُنـا بلا حاكـم، ويسـتمرُّ العطـشُ والقحـطُ والحرّ في إحراقِ الأرضِ الموشـكة علـى الموتِ والفناء..

5

دموع العذراء

هـا قد بلغَ الأسـى والنحيبُ مبلغهُما مـن قلبِ عنات العذراء:

- لقـد اسـتبدّ بـي الشـوقُ يـا بعلـي، وقـد أصبحـتُ وحيدةً مقفـرةً من بعـدكَ كهـذهِ الأرضِ العطشـى.. ثـم عقـدت عنـات العـزم في سـرّها على مجابهـةِ عزيز إيـل وبطلهِ الجديد "موت"..

ثـم تمرّ الأيامُ والشـهور وعنات ما زالت تبحـثُ عن روحِ القتيل..

كقلـبِ بقرةٍ على عجلتها كان قلبُ عنـات المتلهف على بعلِها..

وكقلـبِ الشـاةِ علـى حَمَلِها كذلك اشـتاقَ قلـبُ العذراء للقـاءِ الحبيبِ الـذي الموت.. وهكذا اقتحمت ربّةُ الحربِ بعنفٍ كالعاصفة بلاطَ "موت"، وعلـى ياقةِ ردائهِ قبضت، ومن ذيل ثوبـه قيدته صائحةً به في غضب:

- أعطنـي يا موت أخي.. ولتسـلّمهُ اليومَ إليّ..

يفتح الوحشُ الأسـود فمـهُ المرعب في ذهول:

- عـم تتحدثيـنَ يا أُختاه؟.. لقد فاتَ الأوان فكيـفَ تطلبين ما تطلبين؟

- لقد سـمعتني أيهـا الوحشُ النّهم..

- أمـا علمتِ أن شـهيتي لا تشـبع أبـداً؟ وأن بعلُ الذي سـقطَ ميتاً على أرضِ مملكتـي قد بات الآنَ داخلَ أحشـائي؟

ارتعدت عنات مشـمئزةً من حديـثِ أخيها وهو يكمل:

- لقـد بحثـتُ عنـه جائعاً فـي كلّ حقـلٍ وكلّ تلـةٍ علـى أرضِ مملكتي، حتـى عثـرتُ عليه في المراعي عند حـدودِ مملكة الموت..

ثـم إننـي جعلتـه حَمَلاً فـي فمي الهائـل، وكطفـلٍ طحنَهُ فكّـي وانتهى الأمـر، ومعـه التهمتُ الوفرةَ والخصب، فكيـف تطلبينَ اليوم ما تطلبين؟.

***

وهكذا مرت شهورٌ توهجت فيها شبش حارةً ساطعةً في كبدِ السماء دون أن تعبرَ وجهَها غيمةٌ واحدة.. وحتى الأرضُ المتشـققة مرضت وأنُهكت على أيدي موت المقدس، إذ دام الصيفُ ردحاً فيه تابعت عناتُ بحثها اليائس..

وراح حنقُ العذراء ويأسُها ينمو ويزيد، وما فتئ غضبُها يتأجج كشجرةٍ من نـار فقررت إنهاء هذا البؤس بيديها، وحين صادفت موت ثانيةً انقضت عليه كالوحش قابضةً على ثوبه..

لـم يقـدر مـوت المقـدس -وقـد بوغت تمامـاً- علـى مقاومة غضـبِ ربّة الحربِ وحقدها..

بسـيفِها شـقّته نصفين كمُزارعٍ يحفر الأرض..
وبمذراتِها غربلتهُ
وبنارٍ أحرقتهُ..
ثم بحجـرِ الرّحى طحنتهُ.
وفـوقَ كلّ حقلٍ بذرتهُ..
لـم يبقَ على العذراء إلا أن تصنـع من الموت خبزاً..
ثـم أكلت الطيورُ مـن الحقولِ تلكَ البذور.
والتقطـت العصافيرُ الصغيرة مـا تبقّى منهُ..
إنّ اللحـمَ يحنُ إلى اللحم..
ثم سـمعَ النـاس بقصّةِ العذراء ، ومثلها وضعـوا بذورهم في الحقل..
الأرض ثم نثروا البذور وحصدوا السنابل، وبحجرِ الرحى طحنوا القمح.
لقـد تعلّموا مـن ربّتنا الزراعةَ وطحنَ القمـح وصنعَ الخبز..

6

الآلام

راحـت عناتُ الهائجة تصيـحُ كالمجنونة:

- لقد قتلتِ العذراءُ الموتَ نفسـه..

غسـلت يديها في الدم وأعلنـت بخطورةٍ على الملأ:

- لقـد قتلـتُ الربّ وذلكَ هو العدل.. إن الحربَ تحققُ العدل.. وهكذا يمـوتُ "موت" المقدّسُ ذاتُه إكراماً للسـيد..

ثم إنها تسـأل في يأسٍ أباها إيل:

- إن كانَ سـيّدُ الأرضِ حيّاً يـا أبـتِ فلتحلـُم بـهِ الليلة، ولتشـاهد رؤيةً تُعْلمنـي فيها بوجودِه..

ثـم إن ربّ الرحمـة رأى في تلك الليلـة مناماً عظيمـاً، وتجلّت له رؤيةٌ غريبةٌ غامضة..

فتـح ربّ السـماوات عينيـهِ فـي الصبـاحِ مضطرباً، وراح يـروي بصوتٍ مرتعدٍ منامَـه للجميع:

- لقـد صاح بي صـوتٌ عظيمٌ في المنام:

"إن كان الأمير ربّ الأرض حياً لتمطر السـماوات زيتاً، ولتفِض الوديانُ بالعسل"..

آنئـذٍ فقـط نعلم أن بعلاً هو حيٌ يرزق..

***

بعـد هنيهـةٍ أَذهَلَـت السـماءُ المشـتاقة لسـيّدها الأربـابَ جميعـاً، إذ انفرجـت صفحتُها وانهالَ منها وابلٌ من الزيت..

ثـم جرتِ الأنهارُ وفاضتِ الوديانُ عسلاً..

هنـا تعـزّى المخلوقـات وقد فتـح عينيهِ على اتّسـاعهما، ثـم إنه ضحك واضعاً قدميه على مسـندِ العرش ورفع صوتهُ قائلاً:

- دعونـي أجلس وأسـتريح، وفـي صدري لتهدأ روحـي المتعبة، لأن بُنيّ القوي حيٌ يرزق..

ثـم على ابنته ربة الحرب قائلاً:

- لقـد تأوهـتْ أيّتهـا المحاربة أرواحُ البشـر مـن طولِ العقـمِ والجفافِ والقحـط في هذا الصيفِ الأبدي..

اسـمعي يا عنات.. لقد امتلأتِ الأرضُ العطشـى بالشقوق وفي أحد تلك الأخاديد داخلَ الأرض المحروثة يسـتلقي الجبارُ بعل حياً..

فـي حيرتها وفرحتها تخاطب العذراءُ أختَها شـبش في لهفةٍ:

- سـاعديني يـا شـعلةَ الآلهة ومنيـرة الأرض.. أنتِ يا من ترين كلّ شـيءٍ من كبد السماء، وتنفذ أشعتكِ عبر الشقوق.. إن أباكِ في السماوات يأمركِ بالطـواف فوق الأخاديدِ المحروثة بحثاً عن روحِ الإله الشـهيد الهائمة..

تجيبها الشمس:

- أفعـل بشـرطٍ واحـدٍ يـا أختـاه: فلتصبـي النبيذَ الفـوارَ مـن وعائه على الأرض، وليرتـدي أطفـالُ العالم أكاليـلَ الزهر... بينما أطوفُ أنا في السـماءِ بحثاً عن روحِ الشهيد..

- أينما ذهبتِ أيّتها المباركة لتحرسـكِ يدُ الرب..

7

القيامة

وهكـذا ارتـدى الأطفـالُ أكاليـلَ الزهر، ورفعـوا رؤوسَـهم القمرية نحو قرصِ الشـمس متضرّعين لبعثِ الرب..

- السـيّدُ حي.. هكذا أخبرنا أبونا الذي في السـماوات..

كذلـك ردّد العُبّـادُ المحتشـدون وهـم يصبّـون النبيذ مـن الجّرار فوق الأرض المتشـققة عسـى أن يهطلَ المطر.

إن أشـعة الشـمس تخترقُ وحدها كلّ شـيءٍ فـي العالم، وتتسـلّل عبر النبـاتِ وترابِ الأرض، وبيدِها مفاتيحُ العالم تحت الأرضي..

تبتسم شـبش قائلةً في ثقة:

- أنـا لا أخشـى اليـومَ شـيئاً حين أبحث فـي غياهـبِ العالم السـفلي الذي فقد سـيدَهُ "موت".. الوحشُ المرعب ما عاد هناك ليؤرّق سـكينة الظلال والأرواح..

وهكـذا غابتِ الشـمسُ زمناً فـي غياهبِ الـظلام السـحيقة المحترقة.. ولأن شـمش بدورها حـارةٌ محرقة فهي لا تعبأ بنيرانِ الجحيم..

***

تعودُ شـعلةُ الفضاءِ إلى العالم يرى البشـرُ علـى كتفيها بعلاً فيطلقونَ صيحاتِ الفرح الهسـتيرية..

كان السـيّد قـد قام مذهولاً من قبرهِ شـاحباً من موتـهِ ومضرّجاً بدمائهِ الجافة..

- لقد بُعثَ الرب..

صاحَ النـاسُ غير مصدّقين، وما فتئـوا يتنادون ويكرّرون في كلّ مكان

- الربّ قام.. حقـاً قامَ من بينِ الأموات..

ثم تقامُ الاحتفالاتُ في كل مكانٍ عفويةً صاخبةً بعيدِ قيامتهِ المجيدة.

- نعم.. ما أسـعدنا إذ كنّا شـهوداً على قيامته..

بعودتـهِ تنفتحُ السـماء بمطرٍ مدرار..

وبمـاءِ السـماء تعـودُ للأرض الحيـاةُ والخصـب، وللقلـوبِ والنفوس الفرحُ والبشارة..

ثـم تتوالدُ القطعان وتجـري الأنهارُ متدفقةً..

حيـن أدركَ السيد مـا حدث قبـض على كل إخوتـهِ الذين تآمـروا عليه مع الموت، وضربهم بسـيفهِ العريض..

وعلى الأرض جَرَ أتباعَ موتَ المقدس وعبّادهِ ومريديه، وقطع أعناقهم.

ثم استوى الملكُ على عرشهِ فوق وسادةٍ كي يحكمَ من جديدٍ عالمنا المبتهج لعودته..

8

الصراع الأزلي

ولكـن مـن ذا الذي قال إنّ المـوت يمكن أن يموت أو يُهزم؟..

ربمـا توهمنا ذلكَ زمناً، غير أن الموت مـا يفتأ يعودُ إلينا بعنادٍ لا يلين وبطرقٍ شتى..

فـي العـامِ السـابع للهزيمـة المهينة وبعد زمـنٍ من الرخـاءِ والوفرة لا يعلـم أحدٌ كيف تسـلّل قدرُ البشـريةِ المقدس عائداً إليهـا لينتقم..

مـن حيـث لا يدري أحـدٌ رفع مـوت صوتهُ الفظيـع في مملكةِ السـماء بعد راحة سـبع سنين:

- بسـببك أيّهـا الملك عرفتُ للمرة الأولى الـذلَ والاحتقارَ والهزيمة..

بسـببك أيّهـا الملك عرفَ جسـدي السـيفَ والنـارَ والمذراة، وسـكنتُ بطونَ الطيـورِ وأعماقَ البحار..

هنا تأوّه البشـرُ باكين متسـائلين:

- ولكـن كيف يعودُ الذي شُـقّ وأحرقَ وطُحِـن وفي الحقول بُذِر؟..

ردّ آخرون:

- كمـا السـيّد الشـهيد بُعـث كذلـك المـوت ذاتـه يُبعـث، وهـو حقـاً قدرُ البشرية..

يصيـحُ الموت المقدس كعادته وهـو يتضوّر جوعاً:

- إن عليك يا بعل أن تطعمني كل حينٍ واحداً من أطفالكَ البشر، وحتى أرضى تطعم فكّي واحداً من إخوتك.. وإن لم تمتثل التهمتُ هذه المرةَ البشريةَ كلها مرةً واحدة!

لكن سيّد الحياة الآن ما عاد يخشى الموت، إذ رأى بأمّ عينيه كيف دافعت عنهُ مكنوناتُ الطبيعة، وكيف جاع بغيابهِ البشر وعطِشت الأرض..

بعل ما عاد يرتعد ذعراً من فنائه بل بات يرحب به إن لزم الأمر..

وهكذا طَرَدَ سيّدُ الحياة الموتَ من مملكته..

- فلتأكل يا موت أبناءك وأتباعك وحدَهم..

وهكذا حدق كلٌ من التوأمين بالآخر بعينينِ مشتعلتين جمراً..

كان الصراع الأزلي بين الحياة والموت على وشكِ أن ينشب..

- انتقاماً لهم ولكرامتي المهدورة سأدمرك وأغزو الأرضَ وأسحقك يا بعل..

وهكذا بصراع العظيمين حلّ على العالم الجفافُ الرهيب الذي يقعُ على الأرض مرةً كل سبعةِ أعوام..

إنّها المجاعة والمحلُ إذاً..

9

الخير والشر

وهكذا نطـح كلٌّ منهما صدرَ الآخر كالثيران البرية..

كوحشـينِ هائلين هزّ أحدُهما جسـدَ الآخرِ في عنف..

عَضّـا وتدافعا، وجرّ واحدُهما الآخرَ فوق الأرض..

حبسـتِ الآلهةُ أنفاسها وهي تشاهد أمَّ المعارك..

التفَّ أحدُهما حولَ جسـدِ الآخر كأفعيين عملاقتين،

ثـم ركلا بحافريهِما كحيواناتِ السـباق، وتصاعد من صراعهما الغبارُ إلى قبّة السماء..

كان سـيّدُ الحياة جباراً، وكذلك كانَ سـيّدُ الموتِ جبّاراً..

وهكـذا انهـارَ مـوتُ المقـدس مُتعبـاً، وكذلك سـقطَ على الأرضِ سـيّد الحياةِ مُنهكاً..

وقـد علـم كلُ مـن رأى صراعَهمـا الفظيـعَ المتكافئ اسـتحالةَ أن يتغلب علـى الآخـر، وأنّ حربهما المرعبة أزليةٌ كالقدر ليس فيها غالبٌ ولا مغلوب، وأنها في الواقع حربُ جميعِ البشـر مع الفناء..

***

تمـدد كلٌّ مـن الإلهيـنِ علـى الأرض بجرمـهِ الضخـم، مُثخنـاً بجراحـهِ متعرقاً ونازفاً..

هنـا تدخّلت كعادتها شـبشُ العطوفة وصـوتُ العقل، إذ دنت من أخيها موت قائلةً:

- كيف تحارب يا موت هكذا؟ وكيف لا يسمع أبوك وعيدكَ ومنكَ لا يغضب؟ كيف يمكنُ للأب أن لا يحزن وهو يرى أبناءهُ يقتل واحدُهما الآخر؟..

- إن عليّ أن أنتقم، وعلي كذلك أن أرضي نهمي وجوعي..

- فلتجلس على عرشِ مملكتك، ويجلس بعلٌ في مملكته..

وهكذا تتابع الحكيمة حجتها:

- كيف لا ترى أن الله ما خلق العالم إلا لهذا الهدفِ وعلى هذهِ الصورة؟ حتى تتعارك الحياةُ والموت إلى ما شاء الله؟..

عالمٌ فيه الشمسُ والقمرُ والنهرُ والبحرُ لا يمكنُ أن يحكمهُ الموتُ إلى الأبد.. إنّ الذي خلق الناس ليتكاثروا ويفرحوا ويأكلوا لا يمكن أن يفنيهم عن بكرةِ أبيهم، ولن يحرق للأبد زرعهم أو يبيد أنعامهم..

راح إيل يتفرج من عالي السماوات على الصراع الأبدي بين الموت والحياة، ويومئ برأسه موافقاً على كلمات شبش الحكيمة والتي تابعت تدخلها:

- فليلتهم فمك القرابين بين الحينِ والآخر، ولتحكم إلى الأبد عالمَ الظلالِ والأشباح حيث تأتيك أجسادُ الموتى في كلِّ يوم، ولتترك سيدَ الحياةِ على الأرض ملكاً متوّجاً..

هنا يدرك عزيزُ إيل وَمُدَلَّلَـهُ "موت" المقدس أن الانتصار الناجز ما عاد ممكناً له، وهكذا ينهض منسحباً وقد أدرك أن عليه من الآن فصاعداً تقاسم العالم مع أخيه..

وكذلك يتقاسم الخيرُ والشرّ هذا العالم.

وكذلك النهارُ والليل والموتُ والحياة والخصبُ والجفاف في دورةٍ أزليةٍ ما تفتأ تتكرر..

..

السِفْرُ الرابع

الأرباب

1

عنات ربة الحرب

وما تـزال عنـات حتى اليـوم وإلى أبـدِ الآبديـن غاضبـةً مـن الخيانةِ والنسيان..

زمجرت الربّةُ في البشرِ والأربابِ الآخرين مرتديةً خوذتها بقرني البقرة وموبخةً بصوتٍ حاد:

- كيف انقلبتُم على سـيّدِ المطرِ والغيومِ والحياةِ نفسِـها؟.. كيف تابعتم صراعَكـم وطمعَكم الذي لا ينتهي، وسـهوتم عمن الحياة؟..

وهكـذا هبطـت إلينـا الشـابةُ القويـة سـيدةُ المعركـة، فضربـت بحقـدٍ الـوادي، وأثارت بين كل مدينتينِ متجاورتيـنِ الحربَ كالغبار في العيون..

ضربـت عنـاتُ بيدها أناسَ الشـاطئ، ودمّرت عند كل غـروبٍ بعضاً من جنسِ البشـر كضريبةٍ أبديةٍ يدفعُها الناس.

استلقت الرؤوسُ البشريةُ كالنسورِ المتساقطة ميتةً من السماء، وفوقها امتـدت الأيـادي المبتـورةُ كالجراد، وفـي جعبتهـا اجتمعـت أذرعُ الجيوش الجافة كالأشواك..

وهكذا كدّست إلهتُنا المخيفةُ الرؤوسَ على ظهرها، وإلى جذعِها قيّدت الأذرعَ المقطوعة،

ثم خاضت بساقيها إلى الركب في دماءِ الجنود، وبقوسِها أطلقت رماحاً أصابـت بها ظهورَ من تبقى..

***

ثم دخلت قصرَها غيرُ راضيةٍ بعد..

غسلت أمُ الأبطالِ بدماءِ الرجالِ يديها..

ومن وعائهِ سكبت على الأرضِ زيتَ السلامِ..

- لأنتقمنّ حتى نهايةِ الأيام من البشرِ الذين خانوا..

سيقتل واحدُهم الآخرَ، وينقلب الجزءُ على الكل، حتى لا يبقى في صدرِ مخلوقٍ راحةٌ ولا سلام..

ويوماً بعد يوم كلما رشقتنا أمُ الحروب ذاتُ الدرعِ المعدني بمعركةٍ جديدة امتلأ قلبُها بالبهجةِ وأتخمَ كبدُها بالضحك، لأن يدَ العذراءِ المحاربة هي يدُ النصرِ الأبدية.. يا ويلنا!

لقد أغضبنا منّا من لا يرحم, وأثرنا حنقَ ضاربةِ الرؤوسِ المعتليةَ ظهرَ الأسد..

إنّ عناتَ هي العادلة، والعدالةُ كلمةٌ مخيفة!

العدالةُ الحقة لا تعرفُ الرحمةَ بل القصاصَ الرهيب، فإلى متى في أرضنا سيلُ الدماء؟..

2

عنات ربة الحب والدموع

ولا يُهـدّئ روعَ المحاربة كلَّ حين سـوى أثيرِها بعل..
حبيبُهـا الذي ترعـاهُ بعينيها، وتقاتل لأجلِهِ كاللبوةِ المفترسـة.
وهكذا تتردد العاشـقةُ على السـيّد كل حينٍ في قصره،
وتسـأل عنـه الخدمَ ليخبروها أنّهُ فـي البراري يصطاد.
وتـروحُ عنـات باحثةً في لهفةٍ عن السـيدِ في كل مكان.
وإذ تعثر عليه تأخذهُ المفاجأةُ ثانيةً ويرحّب بها مسـروراً، وبه تقترن.
ثم يُقال لها إنّها سـتحمل منـه بثورٍ صغير!
بـعلاً علـى جبل صفون بالنبأ السـار فيفرح أيّ فرح..
ثـم إنهـا تنجب للعالم سلالـة الثيرانِ البريةِ الهائجـة والقوية والعنيفة مثلهـا، والتي يشـبه وجهُهـا ولحيتُها تماماً وجه السـيد ولحيته..

***

غيـر أن العـذراء المبـتلاة أبـداً بقـدر الحرمـان تفقـد كل عـامٍ زوجَهـا وحبيبَهـا، ثم تدفن بيديها جسـدَهُ..
وتـروح ُنادبةً حظّها العاثـر و بدموعٍ كالأنهار..
ومـن ذلك اليـوم يلاحظُ السـوريون أن جميعَ أنهارهم التـي تنبعُ من الجبـل وتصبُّ في البحـر تكتسـبُ صبغةً حمـراءَ قانيةً فـي الوقتِ ذاتهِ من كلِّ عام..

إذ تمتلئ هـذه الأنهـار بـدم بعـل كذلـك عنـد مصباتهـا مـاءَ البحـر بالحمـرةِ الداكنة..

وحيـن يكـونُ البعـل غائباً ينبغي علـى المرأة الاعتمـادُ على النفس.

وهكـذا تعلّـم الربّـة المحاربة جنسَ البشـر فنّ الصيـد حين لا يكونُ ثمّة مطر..

وتحـت رعايتهـا يتعلم الأطفالُ في كل مكانٍ حمل القوس ورمي السـهم وقذف الرمح..

ومع أنها تعشـق بعلَها لكنها لا تخضع لهُ أبداً، بل ترفع أنفَها بشـموخٍ..

وما تفتأ تُذَكِّرهُ دوماً ودون كللٍ بأنها من بحثت عنه وأعادتهُ من الموتِ إلى الحياةِ في كل عام..

ثـم تأمر ذاتُ الدرعِ والرُمح عابداتِها بالاسـتقلال والاعتمـاد على النفس ونبـذِ المهام المنزلية، وبرفض الاسـتكانةِ للرجال قائلةً:

- ولتكن بناتـي مثلي أرواحاً حرةً كأبقارٍ برية..

- وعلـى العكـس تمامـاً من أمّنـا عشـيرات، لتتحدّيـن الرجـال وتتعلّمن الرياضة وركوبَ الخيل وتلبسـنَ جلودَ الحيوانات..

ثـم تتابع عاقدةً جبينها:

- لسـتنّ فـي حاجـةٍ للرجـال أبـداً، ولكـن مثـل عشـيرات لتنسجنَ بأيديكنّ ملابسـكنّ..

ولشـدة عشـق النسـوة للعذراء الأبدية وخشـية الرجال منها بلغت ربّتُنا فـي حياتِنـا مكانـةً عظمى، حتى نسـي الناسُ أنّ لهـا توأمـاً مسـالماً غير ذي شأن هي الربّةُ "ميرا"..

وكلمـا حلَّت على الأرض الحربُ صاح الناس في ذعرٍ:

- لقد حـل علينا رعب الربّة وضربتنا يدُها..

3

ياريخ ونيكال

أعراس القمر والبساتين
قصة الحب الأزلي..

لكن أجمل الإخوةِ السبعة والسبعين من نسل إيل وعشيرات هو ربّ القمر "ياريخ"..ربِّ أريحا.

كان "ياريخ" البهيُ المبهر شديدَ الشحوبِ والضياء، ولا يمكن لكلِّ من يراه ألا يشهق ويتنهد..

لقد شغلتَ يا "ياريخ" بحسنك وابتسامتك وحنان روحك قلوبَ العذارى، حتى أطلقن عليك لقبَ "مصباحِ السماء" لجمالك ونورك..

فحين تطلُ علينا مبتسماً في كبدِ الليل ناظراً إلينا تنيرُ بضيائك النجمات فتكشف لنا ما في السماوات، وهكذا دعوناك كذلك "بكاشفِ النجمات".

وأما حين تضطجع متعباً يبدو لنا نصفُكَ فقط كالهلال، وآنذاك ندعوك "المنجل"..

الآلهةُ وحدها تعلم ما يفعل الربّ الهلالي كل ليلةٍ مديراً ظهرهُ للبشر! إنّه لا بدّ يعانق عشيقتهُ المفضلة نيكال مخفياً إيّاها عن العيون..

***

وحين يستبدّ به الشوقُ يوماً يرسل لأعظمِ ملوكِ الأرض رسالةً مفادها:

- فلتجعل أيها الملك "نيكالَ" الفتاةَ الجميلةَ من مدينتك زوجةً لي، ولتدخل قصري وتعيشُ فيه بين ذراعيّ..

لسوف ُأحرث أيها الملك حقلَها، وأحيلُ بستانها داليةَ عنب..

وإذ لا يأتيه الردُّ لا ييأس العاشق:

- ولأبيها -إن أجاب طلبي- أمنح كرمةً وحقولاً، ومهرُها يكونُ ألف وزنةٍ فضةً وعشرةِ آلاف وزنةٍ ذهباً وجواهر لا تُحصى..

هنا يجيبهُ الملك خائفاً:

- لقد سمعتُ أيها الربّ البهي أنّ بنات بعلٍ الأربع واقعاتٍ جميعاً في غرامك.. "بدراي" يا سيدي ابنةُ الضياء تهديك سلامها..

يجيب مصباح السماء:

- لكن "بدرا" هي حبيبةُ أخي عشتر! عجباً!

- وأما "طلّا" سيدةُ المطر فتبكي شوقاً إليك، و"أرساي" ربّة الأرض ابنتهُ البراري فتفتح لك ذراعيها..

ثم يتابع الملكُ مراوغته:

- وأما ابنةُ بعلٍ الصغرى "يَبْرُدماي" الحسناءُ العذراء فقد نذرت نفسها لكَ وحدك، هي التي تذوبُ لها قلوبُ أقسى الرجال..

هنا يجيبهُ "ياريخ" بشجاعة:

- أأنت تخشى بعل إذاً ولا تخشاني؟ وأما والأرضِ والماءِ البارد فلا رغبةَ لي أبداً.. زوّجني نيكال، فعليها وحدَها وقعَ اختياري..

حين يصرُّ الملكُ المذعور من غضبِ بعل على الرفض لا ييأس العاشق ويغريهِ قائلاً:

- إن زوّجتنيها محوتُ معها كلَّ ذنوبي وآثامي الماضية، وجعلتُ ابنة موطنك ربةً للبساتين وإلهةً للثمار وما هي من نسل عشيرات..

- أتجعل من ابنتنا ربة؟ لكنّ الثمار يا سيدي تنضج ثم تسقط مع نهاية الموسم، فلا بقاء لها معك إذاً..

- أقبل ذاك وهو ناموسُ الحياة، على أن تعود الثمرةُ لي مع بدايةِ الموسم الجديد..

وهكذا يلينُ قلبُ الملك للعاشق الملّح، ويتوسط له عند والد الحسناء نيكال..

ومن ذلك اليوم ينضجُ القمرُ الثمار...

4

"كوثرات" وأغنية الزفاف..

آنَ أوان الزفاف..

أخيراً يُعقد زفافُ الربّ العاطفي على الحسناءِ العاشقة..

وفي بيتِ أبيها يفاجأ العروسان بأنّ إخوتها والوالدين قد جلبا مئةً من الموازين ليتأكدوا من ألف ِالفضة وعشرةِ آلاف الذهب مهراً!

ومنهم جميعاً يضحك العروسانِ الجميلان.

ثم يهنأ ياريخ ونيكال بزواجٍ أبديٍ لا تنفصم عراه أبداً..

برطوبة الربّ الحنون وضيائه الناعم تنمو ثمارُ ربةِّ البساتينِ والفاكهة، حتى تغدو جميعُ الثمارِ الناضجة مدورةً مفلطحةً مثل وجههِ تماماً..

ويصبح اسمُ الربة نيكال و إبّ (أي الثمرة).

ويغني عُبّاد ربّ القمر في معابده له ولحبيبته ولا سيما في مدينته ياريخو "أريحا":

- أي نيكال الخصيبة، يا من غنينا لاسمكِ، فليسطع نورُ الربّ ياريخ، وفوقك ليشع بضيائهِ الحنون..

وإذ يغدو زواجُهُما مثالاً للنجاح ويثمر عن مئاتٍ من الأطفال والبنات تصبحُ الصلواتُ لهما منذ ذلك الوقت هي الأغاني في كل زفاف، فمن ذا الذي لا يشتهي زواجاً كزواج العاشقين..

يغنـي لهما الشـاعر في كل عرسٍ علـى نغم الكنّارة:

- ليحيـل ربّ القمـر مخـدعَ العروسـينِ حـقلاً ، وليجعـل لهمـا مثلـه أطفـالاً كثيرين..

***

وقد دعي نسـلُ ياريخ ونيـكال "كثيرات/ كوثرات"..

وتبـدّت هاتيك الربّات الصغيرات على شـكل سـنونواتٍ بيضـاءَ جميلة بأجنحةٍ زرقاء..

ثـم غدت "كثيرات - كوثـرات" ربّات القبالة،

ولادةَ الأطفـال، ورفرفـنَ بأجنحتهـنّ الصغيـرة خـارج نافـذةِ كلِّ حاملٍ حتـى يحمينَ الأمّ والوليد من كلِّ شـر..

وهكذا تضرّع كل عروسـين لياريخ أن يمنحهما أطفالاً كثراً مثل كثيرات

وإذ تغـدو المـرأةُ حـاملاً ويقتـرب أوانُ وضعِهـا الهدايـا للزوجيـن الإلهييـن، حتى تراعي السـنونوات ولادتَها وتهبط الطيـور البيضاء في تلك الليلـة العصيبـة حاملاتٍ المراهمَ والطيـوب لآلامِها وجروحها..

وهكذا ترتّل كلُ أنثى شـابة في سـرها صلاةً يومية طيلة شـبابها:

- أعطِني يا نيكال ما أُعطيتِ.. بحبك وزواجكِ وحملكِ ويسـرَ ولادتك.

5

محنة الكوثرات..

بعـل الأعالـي "عليـان بعـل" ياريـخ القطعي الـزواج من أيٍ مـن بناته، بالمهانـة وغضب غضباً عظيماً..

صـرخ حدد الثورُ المهان محنقاً، ثم سـلّط وحوشـاً عظيمـةً لتهاجم قصرَ ياريخ ونيكال..

وهكـذا هاجمـت تلـكَ المخلوقـاتُ المرعبـة القصـر، ثـم بـدأت بالتهامِ بعضٍ من وصيفاتِ القصر.

ثـم إنّها التهمت كذلـك بعضاً من بناتهِ الكوثرات"[6]"..

هنـا تدخل الوصيفاتُ والبنـات على إيل ويصحنَ متضرّعات:

- أغثنا يا ربّ السـماوات من غضب ابنكَ بعل!

كان الـربّ قـد اعتادَ على سـوءِ تصرفِ بعضِ الآلهـة، وهكذا ضحك حين سـمعَ محنة الكوثرات فارتجفـت لحيتُهُ البيضاءُ الطويلة..

فكر برهةً ثم سـأل وقد علم كعادته بكلِّ شيء:

- وهـل حملتُنَّ من وحوشِ بعل؟

تضرّجتِ الوصيفاتُ والبناتُ خجلاً، وتساءلن كيف عرفَ الأبُ بما حدث..

لم تجـرؤ إحداهنّ على الجواب، فأكمل إيل قائلاً:

- فلتمضيـن إذاً بعيداً إلى الصحـراء، ولتضعنَ أطفالكنّ هناك..

***

6 إشارة إلى الأمراض والآفات التي تصيب الثمار.

أطاعت الكوثـراتُ والخادمات، فرحلنَ إلى البرّيةِ كارهات..

هناك بكينَ غير فاهماتٍ الهدفَ من نصيحةِ ربّ السماوات، لكنَّ الأعلى يُطاعُ دون سؤال..

في الصحراء كانت المفاجأة، إذ ولدن جميعهنّ مخلوقاتٍ عجيبة: ثيراناً مجنحةً رشيقةً ذاتَ قرون..

هناك فتحـت الكوثراتُ عيونهنّ غيرُ مصدّقات..

- يا لحكمةِ ربّ السـماوات.. لقد خُلقـت الثيران للبراري لا للقصور. لنمضِ من هنا سـريعاً أيتها الوصيفات..

حيـن رأى بعـلُ مـن السـماوات مـا وضعت الكوثـرات من وحوشـه جُنّ جنونهُ بهذهِ المخلوقاتِ العجيبة ذات القرون، إذ كان السـيّدُ مغرماً بالصيد ومطاردةِ الوحوش البرية..

- ما أروعَ هذهِ المخلوقاتِ المجنحة.. إن قوسـي ورُمحي تشـتاق إليها.

وهكـذا تـرك بعـل عرشـهُ بيـن الغيـوم وهبـط إلـى الأرضِ حاملاً قوسـه ورماحـه، وانشـغل زمناً طـويلاً باصطيادِ هـذه القطعان البريـة تعويضاً عن إهانةِ ياريخ ونيكال له..

وهكذا نعم الزوجان السماويان وبناتهما بحياةٍ هانئةٍ طويلة، في غفلة ربّ العاصفة..

***

غير أن بعل وخلال إحدى مطارداته المحمومة وقع مرةً داخلَ مسـتنقعٍ عميقٍ من الوحل..

زمجـرَ سـيّد الحيـاةِ ذو القرنيـن مشـمئزّاً، وحـاول انتشـالَ نفسـهِ مـن المسـتنقعِ الموحل، لكنه لم يقدر!..

حاول مراراً الـخلاصَ والنهوض ورغم جبروتهِ لم يقدر..

ثم طلبَ السـيّد العون، ولكن لم يسمعهُ أحد..

وهكذا بقي بعل عالقاً هناك سـبعة أعوامٍ كاملة!

مـا كان أتعسـنا لغيـابِ ربّ العواصـف سـبعةَ أعـوام، فعلـى الأرض عـمَّ القحـطُ، وأما النـاس فقد ضربتهـم المجاعةُ وهاموا علـى وجوهِهم باحثينَ عن المراعي..

هكـذا إذاً سـيعمُّ الجفـافُ والمحـل كلمـا انهمـك سـيدُ الحيـاة بإحـدى مغامراتهِ المستهترة!..

فويلٌ لنا.

وقـد ولـد جيلٌ جديدٌ لا يعرف شـكلَ المطرِ ولا الصواعق، ونسـي الناسُ شـكل المروجِ الخضراء وقطعانَ الماشية..

واسـتمرّت الكارثةُ زمناً... إلى أن انتبهتِ العائلةُ الإلهية إلى غيابِ سـيّد الأرض، وأرسـلت رسلاً وجيوشاً بحثوا عنه طويلاً...

إلـى أن عثروا عليـهِ وأنقذوا الملكَ المُهان من الوحل..

عنـد نهايـةِ القحـط والمحـل احتفـلَ النـاس بعـودةِ الحيـاة، وبكـوا فـي المعابدِ فرحاً..

منـذ ذلـك اليوم علمَ البشـر أن سـببَ كلّ جفافٍ طويل هـو بعلٌ العالق في مسـتنقعٍ موحل خلال قيامه بصيد الوحوش في البراري..

وأما بعل ذاته فقد تعلّم درساً لن ينساه، ولم يكرّر نوباتِ غضبهِ وحقدهِ ثانيةً إلا فيما ندر..

6

الرب دَجُن

وحدَهـا في قصرها تتابع سيّدتنا عشـيرات حياتَهـا كأمٍ للأرباب، حيث لا تعيشُ في ظلِّ ربِّ السـماوات إيل، بل تُسَـيِّر مقاديرَ كل شـيءٍ بحنكتها وصبرهـا وتغزل على مغزلهـا الكبير أقدارَنا..

تتوسـط عشـيراتُ لهذا عند إيل وترسـل لذاك رسلاً، وتعيّن الآلهةَ في مناصبهـم، وتختـارُ مـن يخلفهـم عنـد الحاجـة والـربّ الأعلـى خالـقُ كل شـيء بعيدٌ عنا..

تخاطـب أمُّنا الكبرى خادمَها وصيادها "قدشـو" كئيبةً شـاكيةً:

- لقـد بـات زوجي سـكّيراً ثملاً معظـمَ الوقت، وهو ينـامُ أغلب يومه.. ولهـذا غضبـتُ منـهُ وأقمـت بمفـردي هـا هنـا إلـى جانـبِ البحـر.. وإلى جانبك يا قدشـو العزيز..

يومـئ صاحـبُ الشـبكة بفهـمٍ عميـقٍ لسيدته وهـو يسـمع للمـرةِ الألف شكواها..

تربـت إيلات على اللبوةِ الجاثيـة بجانبِها، وتكمل بفخرٍ كلامها مخاطبةً ابنتهـا ووصيفتها الإلهة دمغاي:

- أنا من أحفظُ أسـماءَ أبنائي السبعة والسبعين، وأرعى حياتِهم وحياة أطفالهم وحدي، وأوّلهم التوأم شـاهار وشـاليم "الفجر والغسـق"، بعكس الطاعن في السـنّ والذي نسي وجود !

***

اقتحـم عليها إيل إلهُ السـماوات قصرَها يوماً وراح يؤنبها:

- مـاذا فعلـتِ يـا إيلات وأيّ ذنبٍ ارتكبـت؟.. لقد حرّضـتِ بهجركِ لإيل الألسـنة الطويلة، ومنحتِ للإشاعاتِ وقوداً..

- ولكنـكَ مـن انصرف عنّي زمناً يا زوجي إلى زوجاتكَ الأخريات وخمركَ ونومـكَ الطويـل حتى ما عُدتَ تراني.. وقد أعطيتُك من الأطفـالِ الآلهة ما يكفـي لأعبّر عن حبّي وإجلالي..

- لكنّكِ منحتِ كذلكَ أطفالاً لغيري! فما أنا بوالدِ حورون، وكما يتهامس كثيرونَ فلستُ والداً لبعل..

هنا يخرج الصيادُ قدشـو من المكان مغطّياً وجههُ بيديه لسـماعِ الخلاف الأزلي، بينمـا تتنهّد أمّنا الكبرى قائلةً:

- أنـت مـا تفتأ تـردّد القصة القديمة ذاتها وعلى مسـمعٍ مـن الجميع!.. عـد إلى منزلك في السـماوات يـا زوجي.. وليرعاك هناك ابنُنا "شـنوم" خير رعاية، كمـا ترعاني هنا ابنتنا دمغاي..

وبعـد خـروجِ زوجِهـا مضطربـاً ومُحرجـاً قصّـت أمّنـا على أليفها قدشـو الصيـاد قصّتها مع والدِ بعل الإله داغون..

***

- يومـاً مـن الأيـام خرجـتُ كالعاصفـةِ مـن القصر فـي ثـورةِ غضبي من إيل، ورحتُ أسـافر بين مدن عمّوري "سـوريا الداخلية".. وحين بلغتُ إيبلا العظيمة لاحظتُ أن سـكّانها قد دعوا أحدَ بواباتها وأكبر أحيائها باسـم الإله داجون، فضربني الفضولُ لأرى هذا الرجلَ الغامض والذي عشقه أهلُ آمور وفضّلوه على زوجي!..

- وقد ادّعى بعضُهم أنه شـقيقُ إيل.. " قدشو"..

- هنـا دعاني ملكُ إيبلا المشـهورُ بكرمهِ إلى معبد داجون، وقد أسـموه

ببيـت النجمـة.. ثم قال لي وقد رأى فضولي "فـي مدن الفرات تجدين إلهنا المعلم ربّ توتول وترقا وماري وقد تسـمّى باسـمهِ الملوكُ والمدن"..

وهكـذا سـافرتُ علـى جناحٍ مـن الفضول إلـى مدن آمـور حيث وجدتُ لدَجُنْ معابدَ كثيرةً في إشـدود وترقا وتوتول وماري وإيمار وغزة..

وهنـاك علـى إحدى ضفّتي الفراتِ العظيم وقعـت عيناي عليه بين ناس عمـوري "الآموريين"، ومن اللحظةِ الأولـى خفقَ قلبي بحبٍ عنيفٍ له..

وقف الإلهُ عظيمُ البنيان شـديدُ الوسـامةِ بين الناس يعلمهم الزراعة..

كان شعبُ عمّور قد رآهُ للمرة الأولى داخلاً عليهم وحاملاً أولى هداياهُ لهم "المحراث"..

حيـن اسـتمع العبّـاد لتعليماتـهِ ونفّذوهـا بحذافيرهـا أهداهـم داجون أعظـمَ هديـةٍ أُهديـت للبشـر.. القمـح، ومنه صنعـوا الخبز.. وهكذا سـمي حبيبي بربِّ القمح..

انتبـه صاحـبُ الشـبكة لأن سـيدته دعـت داغـون بالحبيـب فاحمـر وجهه خجلاً..

***

تابعت عشـيرات سردَ ذكرياتها:

- كان داجون القوي شـديدَ الرشـاقة يقفز في الماء، ويسـبح في الفرات من مدينةٍ لأخرى.. وهكذا حتى نما له ذيلُ سـمكة..

حيـن رأى ملوكُ المدن كيـف طاردتُهُ بلا كلل حذّروني قائلين:

- إن لداجون قرينةٌ شرسـة، فاحترسي أيتها الأمّ..

لكـن تحذيراتهم وقعت على آذانٍ صماء.. رحتُ أفكر:

- كيـف لربةِ الخصوبة أن لا تغوي ربّ الخصب؟..

وقد كان ما كان..

حيـن وقعـت عليّ عينـاهُ الكحيلتان علم أن لا مهرب له من امرأةٍ هي النساءُ جميعاً..

وقـع العظيمُ داجون في غرامي، وعشـنا سـويةً زمناً أجملَ قصةَ حب.

وقـد أنجبتُ منهُ أعظـم أبنائي على الإطلاق "بعل"..

حيـن انتهـت حياتُنا معاً قلت له مودعةً دامعـة العينين:

- لتبـقَ هاهنـا يـا ربّ القمـح حيـث يحتاجُـك بشـرُ النهـر وقـد علّمتهـم الزراعة..

تنهّد العظيمُ في أسـى مسـتمعاً:

وأمـا أنـا فعائـدةٌ إلـى حيـث ُينتظـر النـاسُ المطرَ علـى شـاطئ البحر والجبل حيـث ليس ثمّة نهر..

ضحك الـربّ ضحكته الجذابة قائلاً:

- حدد هذا بين ذراعيكِ سـيُعينُ يوماً أهلَ الجبلِ والبحر على الزراعة وإنتاجِ قوتِ يومهم..

7

عشيرات سيدة البحار

وهكذا استقرت سيدتُنا على شواطئ البحر، حتى دعيت بالماشية على الماء وسيدة البحار..

ويذكر السوريون كما يعلم جميعُ الأرباب قصةَ سيدةِ البحار المسكوتِ عنها ولكن المعلومةِ للجميع.. تلكَ القصة التي غيّرت حياتَنا إلى الأبد..

وقعت ربةُ الحبِ والخصوبةِ مرةً في غمرةِ يأسها وحرمانها من الحب في غرامِ شابٍ وسيمٍ سراً..

ثم إنّها حملت من الشابِ طفلاً "وما هو بإله".

ثم شعرت بالرعب والخجل، إذ تحمل الربّة الأولى وأمُّ الأرباب سِفاحاً ببشرٍ فانٍ!

وفي ذروة عارِها ويأسها رمت اللاتُ بنفسها إلى مياهِ الفرات قرب منبج محاولةً إنهاء حياتِها وحياةِ رضيعتها التي كانت بين ذراعيها..

غير أنّ سمكتينِ كبيرتينِ مباركتينِ انقضّتا على الجسدينِ الغضّين البائسين وابتلعتاهما، ثم حملتاهُما زمناً في جوفيهِما الكبيرين..

ثم رفعت السمكتان جسدي المرأتين إلى سطحِ الماء حيث لفظتاهُما.

***

وهكذا كبرت الطفلةُ المسكينة والتي نشأت في جوف سمكة لتغدو ملكةَ المدينة..

وأما عشـيرات التي كانت غائبةً عن الوعي فقد خرجت من الماء عاريةً تمامـاً ومكتنزةً كامرأةٍ حبلى..

حيـن صحـت فوجئت الربّة بأنّ لها سـمكةٍ محرشـفٍ طويـلٍ ذهبي من طولِ ما عاشـت داخلَ السمكة وتغذّت من غذائها..

حين عادت أمُنا لرشدِها ورأت ذيلَها وجسدَها المحرشف ضربت وجهَها وصاحـت بخجلٍ من فعلتها:

- ويلي.. ماذا فعلتُ بنفسـي؟ وكيفَ قفزتُ هكذا كالمجنونة إلى المياهِ الهائجةِ السوداء؟..

لقد أوشكتُ على قتلِ طفلتي المسكينة وقتلِ ذاتي، وكدتُ أبتلي جميعَ أطفالي باليتم الأبدي!

ثـم إنّها بحثت بصبرٍ وأناةٍ عن الأسـماكِ العملاقة التـي أنقذتها وطفلتها، وحين عثرت عليها شـكرتها من قلبها..

ثم إنها رفعت تلكَ الأسـماك إلى السـماء، وجعلتها أبراجاً ونجوماً خالدةً أبـد الآبدين.. ثم قررت ممتنةً:

- كمـا جعـل ياريخ مـن مدينة ياريخـو "أريحا" مدينةً مقدسـةً له أجعل أنـا من المدينـةِ الطيبة "منبج" التـي أُنقِذَت بجانبها حياتي مدينةً مقدسـةً للسوريين جميعاً..

وهكـذا علـم الناس جميعاً لم اضطرت ربّتنا لتركِ قصرِها في السـماوات والسكنى بجانبِ البحار والأنهار، ذلك أنها باتت تمتلكُ الآن ذيلاً طويلاً وما عاد بإمكانها المشي بل تعينَ عليها السباحة.. وحين زارها أبناؤُها وعُبّادُها تعمّـدت إخفاءَ ذيلِها المحرشـف المذهب بعنايةٍ تحتها..

وفـي حياتهـا الجديـدة سـاعدها الصيـاد المقـدس علـى رعايـةِ مراكـب الصياديـن والبحـارة، وببركتها وطيبة قلبها بلغـوا برّ الأمان رغم غضبِ "يم" ونوبات جنونه..

8

الأسماك المقدسة..

ثم أمرتنا أمُ السوريين بحزمٍ قائلةً:

- من اليومِ فصاعداً أحرّم على شعبي أكلَ السمك، بل وحتى لمسُه إذ أجعلهُ مقدّساً..

وقد حزن شعبُنا من سكّان البحارِ والأنهارِ والبحيـرات لذلك الحكمِ الصادم إذ كانت الأسماك قوتُهم اليومي..

غير أنهم أطاعوا أوامرَ سيدةِ البحار بحبٍ صادقٍ أصيل.

وقد نَفَذوا حتى اليوم رغبتها بورعٍ، كما يطيعُ الأبناءُ بخشوعٍ رغبة أمّهم التي تعلم خيرهم..

رفعت اللات إصبعها وأصدرت أوامرها:

- وفي كل مدينةٍ تقيمون لأمّكم معبـداً عظيماً تربّون في باحاتهِ الحمائم، وتجعلونَ بوسطهِ بركة ماءٍ كبرى تعيشُ فيها أبداً أسماكٌ ملونة..

وتكونُ هذه الأسـماك مقدسةً لا يلمسُها مخلوق، ولا يشرف على غذائها ورعايتِها إلا الخصيان..

وبوسطِ البركة هذه تقيمون مذبحاً عائماً يسبّح لهُ الخصيان مقدمين الأعطيات.

***

سأل الصياد سيدته يوماً بفضول:

- ولمَ الخصيان فقط يا أم الأرباب؟..

تعقد عشيرات حاجبيها وتجيب عن سؤال خادمها بسؤال:

- أبعدَ كلّ ما حلّ بي تسألني أيّها الصياد؟ وكيف أسمح بعد اليوم لرجلٍ أن يقترب منّي ومن قدس أقداسي؟..

ثم أمرت ربتنا الحصيفة:

بل يرتدي أولئكَ الكهنةُ ثيابَ النساء حتى لا تقع في عشقهنّ النساء.

وهكذا ارتدى كهنةُ عشيرات في كل مكانٍ مطيعين أوامرها أثواباً طويلةً بيضاء بأشرطةٍ قرمزية.

وفي عيد أمّنا المقدس داروا مغمضي الأعين، ثم داروا وداروا دون نهايةٍ وقد التوت أعناقُهم، بينما ارتمى شعرُهم الطويل ذات اليمين وذات الشمال..

وهكذا حتى إذا تملّكتهم النشوة ارتموا تباعاً على الأرضِ فاقدي الوعي..

وكي يأكل أولئك الكهنةُ المهابون ركبوا كل يومٍ كالمساكين على بغالٍ ووجوهُهم للخلف، وداروا نادبين حظهم متسولين طعامهم من العُبّادِ في شوارع المدينة..

وهكذا فهم السوريون بغريزتهم وحفظوا معاني تلكَ المشاهد المؤثرة.

المؤمنون يدورون في نشوةٍ كالمجانين بأرديتهم الطويلة حتى يقعوا على الأرض مغشياً عليهم..

إن نشوة الربّة إذاً قد حلت على صدورهم حتى أطاحت بالعقول..

وكلما وضع امرؤ قطعةً من النقد في يدِ متسوّل أطعم في قلبهِ عابداً لأمّنا الكبرى..

9

الشجرة المقدسة

وهكـذا جعلنا لسـيّدتنا معابدَ في طولِ البلادِ وعرضها.

وفي كلّ معبدٍ منهـا حفرنا خندقاً عميقاً..

لهـذا الخنـدق سـيحج السـوريون حامليـن الماء مـن النهـر لملئه كي لا يجف أبد الدهر، وتحيا فيه أسـماكهُ ومذبحهُ العائم..

حذرتنـا ربّتنا رافعةً إصبعها:

- إياكـم أن يجفّ ماء البِركـة في معبدي أبداً، وإلا نفذ حظكم و..

- علـى باب المعبـد تذبحون الحـملان وتضعون أقدامهـا فوق الرؤوس، وتَعِـدون الربّة كل مرةٍ بذبيحةٍ أكبر..

- وأمـا الحاجّـاتُ مـن النسـوة فتحلقـنَ الـرؤوس، ومن لم ترغـب منهن بحلقِ رأسـها تعرض نفسَـها في المعبد يوماً كاملاً من الصباح وحتى الصباح التالي تهب خلاله نفسـها للغريب..

- كونـوا أتقياءَ يا أبنائـي وأحبّوا أمّكم وضحّوا من أجلها..

***

ثم إننا زرعنا شـجرةً مقدسـةً وارفة الظلال وسـطَ كل حقلٍ فسـيحٍ عبدنا تحتهـا ربّتنا في سلامٍ وطمأنينة..

وإلى أبدِ الآبدين سـيعْلم أبناءُ الأرض كلّما زاروا شجرةً منفردةً ظليلةً أن روحَ الأمِّ تسـكنها، وأن أمَّنا حيةٌ فيها طالما خشـبُ الشجرةِ حي..

سأل الكهنةُ ربّتهم:

- ولكـن كيـف يأخـذ عبّـادكِ الصالحون الشـجرة المقدسـة إلـى بيوتهم ومعابدِهـم كـي يعبـدوكِ؟ إذ لا يعيـشُ أغلبهم فـي الحقـولِ أو الغاباتِ أو على التلال؟..

- حتـى لا يفـارق أبنائـي أمَّهم لحظةً واحـدةً يقيمون لي عموداً خشـبياً مصنوعاً من جذوعِ الأشـجار يسمونه عمود عشيرة.

ولينقش عليه السـوريونَ الأغصانَ وأوراق الأشجار ويحفروا عليه وجهي المقـدس، وليقيمـوهُ بجانـب كل بيـتٍ وفي حـرمِ كل معبدٍ وفـي زاويةِ كل مخدعٍ حتى لا ينسـوا أبداً أمهم المقدسة مهما مر الوقت وتغيرت الأزمان.

- انحنـوا لأعمـدة عشـيرة يـا أبنائـي وأجلّوهـا، ولترقـص حولَهـا النسـوةُ ممسـكاتٍ خشـبَها ما استطعن دون أن تفلت أيديهنّ.

- يومـاً مـن الأيام سـيأتي أعداؤُكـم غزاةً لهـذه الأرض، وسـيكونُ أول ما يفعلـهُ أولئـك الحاقدون لتدميركم وإفنائكم هو قطـعُ تلك الأعمدةِ النحيلة بالفأس وإلقاء خشـبها فـي النار حتى أُمحى من ذاكرتكم..

-لكـن هيهاتَ فأنا فـي قلوبكم حيةٌ كالرمز إلى أبدِ الآبدين..

فازرعـوا إن اسـتطعتم أمـام كل بيـتٍ شـجرتي المقدسـة، وإن خفتـم مـن الأعـداء فاحفظوا عمودي سـرّاً داخـل كل مخدعٍ وفـي كل قلبٍ، أمامه تنحنـونَ فـي خشـوعٍ لأمّكـم التـي ترعاكـم فـي حبٍ لأبـد الآبديـن وتذرف ُالدموع لأجلكم في شفقة..

علـى تلـك الأنصـابِ العملاقـة نَحَتْنـا أمَنـا الواقفةَ فـوق اللبـوة وحاملةً الزهرة والأفعى وركعنـا أمامها صائحين في حنان:

- لكِ منّا السلام يا ذات المغزلِ والحمامة، لكِ أنتِ نصلّي دون كللٍ لأنكِ كجميـع الأمهات الطيبات تجيبين دوماً دعاءَ السـائلين.

10

شاهار وشاليم
الفجر والغسق
"الإلهان الرقيقان"

بعد نومٍ عميق يفتح ربّ الفجر "شاهار" عينيه، فيبدو وجههُ المضيء شديدَ الجمال، لاسيما حين يبتسم برضا كالأطفال.

وفيما يستيقظ شاهار يغرق توأمه شاليم "رب الغسق" في الآنِ ذاته في نومٍ عميق، إذ لا يصحو الشقيقانِ معاً أبداً..

كان ربّ السماوات إيل قد أنجب بكريه شاهار وشاليم في عز شبابه حين أبصر على الشاطئ الحسناوين "عشيرات" و"رحم" بشفاهٍ كالرمّان..

بزواجـهِ المقدس منهُما هزم إيل الموت، وأعطانا الحياة بإنجابه لإلهي اليوم وقوّتي الحياة الهائلتين...

كرضيعين أذهلَ كلّ منهما أمه بشراهته التي لا تشبع ولا توصف..

رضع شاهار من ثدي أمه طيلة اليوم حتى نفذ حليبُها!

ومن ثدي أمّه رضع شاليم الأسمر طيلةَ الليل..

ثم صاحت عشيرات ورحماي من شدةِ الإرهاقِ والخوفِ والألم..

لم تكن المرأتان قد أنجبتا أطفالاً من قبل، فسألت إحداهُما في حيرة

- ما العملُ يا إيلاي؟.. ابناك لا يشبعانِ أبداً..

قالتِ الأخرى:

- حالما يستيقظ يفتح فمه بشراهةٍ مرعبة ليلتهم كلَّ ما تقع عليه عيناه!.

يجيبهما إيلُ الحكيم وقد أُسقط في يده:

- أطلقاهما إذاً إلى البراري البعيدة، وليكن كلُ ما في هذا الكون طعاماً لهما..

***

وهكذا يمضي الربان الصالحان الرقيقان الشفافان كغلالتينِ من نور وسطَ دموع أمّيهما.. ثم يبلغانِ بوابةَ العالمِ الجديدِ البِكر الذي خلقهُ الرب، وخلف البوابة تقبعُ الحقولُ المبذورة والتلالُ والخيرات..

هناك يقفُ الإلهان أمام حراسِ البوابة طويلاً متضرّعين أن يُسمحَ لهُما بالدخول..

وبعد أن يرقّ قلبُ حراسُ العالم الخالي للطفلين الجائعين الباكيين يدخلُ الإلهان داخل هذا العالم فيفتح شاهار فمه واضعاً شفةً على السماء وشفةً أخرى في أعماقِ الأرض بنهمٍ لا يشبع..

وهكذا يفعل حتى يغمر الضياءُ كلَ شيءٍ حي..

بفضل الإله النهم ذي الوجهِ المنيرِ الشاحب ثمّة في هذا العالم الموحش ضياءٌ..

ثم تمضي شمش المقدسة بينهما في رحلةِ النهار الطويلة إلى الليل..

وعند ذاك يفتح شاليم ربّ الغروب والغسق عينيه الداكنتين فجأةً.

ويشرعُ الجائع بلا حدود في تناولِ كلِّ ما يراهُ أمامه بشراهةٍ،

وهكذا حتى يغمر الظلامُ عالمَنا فيغدو بحراً من الظلالِ الداكنة..

شكراً لربِّ السلام والسكينة شاليم "سالم" فبفضله نرتاحُ ونسكن، ويملأ قلوبَنا السلامُ والطمأنينة..

وباسمه الكريم سمينا إحدى أجملِ مدائننا "أوروشاليم" أو مدينة شاليم.. أور السلام...

11

شمش
شعلة السماوات الساطعة..

من بين أرباب الفلك الخمسةِ الساطعينَ أبداً في كبدِ السماء عشتر "نجم الصباح وربّ الزهرة" وشاهار وشاليم "الفجر والغسق" وياريخ "القمر" تحتلُّ ربّتنا شمش "شبش" مكاناً خاصاً في حياتِنا وقلوبنا..

لقد أمر ربّ السماوات ابنتهُ الكبرى بأن تتصدّر منذ فجرِ الخليقة وسطَ السماء.

أمرها أن تراقبَ بعينينِ مفتوحتينِ أبداً كلَّ ما يحدث على الأرض دون استثناء..

ليس ثمّة أسرارٌ تختبئ أبداً بعيداً عن عينيها الثاقبتين طيلةَ النهار..

ترسل شبش لنا خصلاتِ شعرها الصفراء (شباشيل) على شكل أشعةٍ ساطعة لتضيء بها حياتنا وأرضنا، وتكشف لنا كذلك كلَّ ما خفي عنّا..

يخاطب إيلاي ابنتهُ الساطعة على الدوام:

- وتحكمين بخصلاتِ شعركِ حرارةَ الأرض، وفي ضفائركِ الصفراء تكمنُ قوتُكِ وقدراتك..

ثم رفع الحكيم إصبعه محذراً:

- ومرةً كل عام تقصين يا شمش خصلاتِ شعركِ الطويل، ويشحب وجهُكِ فتغدو الأرضُ باردةً شاحبةً كالصقيع طيلة الشتاء..

وقد فرحت شمش بمكانتها أيّ فرحٍ، ومارست كلّ يومٍ باقتدارٍ ألعابَها

التـي لا تنتهي، إذ أشـرقت كل صباحٍ ومزّقت سـتائرَ الـظلامِ التي هربت من وطأة حرارتها المحرقة.

وعنـد ذاك تبدأ رحلتَها الطويلةَ فـوق عربةٍ مذهبةٍ تجرُّها الخيول..

تبتسـم لنا السـخيّةُ كلَّ يومٍ بوجهها المدورِ كالقرص، دون أن تخطئ مرةً موعدهـا... فـاردةً فوقنـا شـعرها الطويل، فتمنـح الصحة للعليـل، وتلاحقها بولعٍ وشـغف رؤوسُ الأزهارِ والثمار حيثما حلت..

***

وقد عُرفت الربّة بشـمس الحق مطبقة العدالة الإلهية وكاتبة القوانين.

وهكذا حكّمت بين الأرباب، وتوسّـطت كلّما وقعت الخصومةُ، إذ رأتِ الحقَّ على الفورِ وعرفتهُ بسـطوعِ بصيرتها..

وهكذا توسّـطت بين بعل وموت في صراعِ الحياة والموت الأزلي..

وهكذا كتبت لأهلِ بابل القوانين، وسلّمتها لهم منقوشةً على نصبٍ كبير.

سألت شـمش يوماً أبا السنين ذا اللحية الرمادية:

- أخبرنـي يـا إيلاي.. فلئـن أشـرقتُ كلَّ نهـارٍ علـى الأرض وفصلـتُ بيـن المتخاصميـن في دور الحَكمِ ما عسـاي أفعل كل ليلةٍ وإلى أين أمضي؟..

- تحرسـين يا ابنتي طيلة الليل أرواح الموتى التائهة في العالم السـفلي في ضيافةِ أخيكِ موت..

وهكـذا فهم أهلُ الأرضِ أين تَقضي شـمش بالضبط نصفَ أوقاتها..

وقـد تأكـد لهم ذلك حين بحثت كالمجنونةِ يوماً عن جثّة أخيها بعل في ظلامِ العالم السـفلي حتى عثـرت عليه نزولاً عند رغبة عنات..

لولاكِ أيّتها السـاطعة ما كان لأرضنا سـيد إذ أعدتِه إلينا، ولا كان لعالمنا ملكٌ جبارٌ ..

مباركةٌ أنتِ يا شـعلةَ السماوات وصانعةَ الشرائع..

12

الأخوان الماهران
كوثار وكينار

تبارك الأخوان الماهران الإلهُ الحدّاد وربّ الموسيقا، فلولاهما لما تغيّرت حياتُنا وتطوّرت.

منذ طفولتهِ أذهل الطفلُ كوثار (الذكي) والديه إيل وعشيرات بذكائه وابتكاراته.

قبل ولادةِ الإله الصانع كانت النارُ شراً تخشاهُ الآلهةُ والبشر، لكنّه أذهل إيل يوماً بأن روّض النارَ واستعملها للطهوِ وأعمالِ الحدادة وكيِّ الجروح!

ثم رآهُ إخوته بعد أن كبر فتياً حاملاً بيدهِ مطرقةً صنعها بيديه، وراح يطرق بها المعادنَ المختلفة على النار ليصنع منها الرماح والسيوف والتي بها أختهُ عنات.

منذ ذلك اليوم دعاه إخوتهُ بحدّاد الآلهة..

ومن تلك الأسلحة التي صنعها أهدى كوثارُ أخاه المفضل بعل سلاحيه "عصاتيه" واللتين حقق بهما انتصاره الناجز على "يم" إله البحر، فغيّر بهما مصير السماوات والعالم.

ثم لم تصدّق أمّه عشيرات عينيها حين خاط لها رداءً من جلدِ الحيوانات، هي التي كانت على الدوامِ عارية..لقد كسا كوثارُ أجسادَنا..

منذ ذلك اليوم راح الفتى الحاذق بأثمن الهدايا لا سيما المقاعد

والمناضد الموشاة بالذهب والفضة حتى ما عادت ترفض له طلباً..

لقد عرف كوثار كيف يكسب بالهدايا قلبَ المرأة أول مرة.

***

وقد كبر كوثار ونضجَ بسرعة ونمت لحيته ُالكثّة ثم احدودبَ ظهره، لكنّه لم يتوقف يوماً عن إبداعاته العبقرية حتى أعطى اسمهُ للكثرة والتكاثر والصُنع فاخترع لنا السفن ورعى البحّارة وبنى لنفسهِ في قبرص قصراً، ثم إنه اكتشف المعادنَ والحجارةَ الكريمةَ والحُليّ...

ومن الطوبِ كان أول من أعلى جُدراناً فدعوناه ، فبنى للسيّد بعل قصراً جدرانهُ شاهقة كساها من أرزِ جبال شرين "سريون"، وفتح في القصر نوافذ هطلت منها أمطاره منعماً على عالمنا بالخصب والزراعة وهكذا دعوناه بالفاتح "بتاح"..

ولكن كوثار نفسه فضّل أن يعيشَ في خيمةٍ، فيا للعجب!

ثم أهدى الحاذقُ الماهر للبشرية أثمن هداياه.. هديةٌ كنزٌ لا يقدر بثمن، إذ علّمنا الكتابةَ وُصنعَ الحروف..

ومن شدّة براعتهِ توافد عليه إخوتهُ يطلبون منهُ الهدايا والسلاح والأثاث، فتذمّر من شدّةِ إلحاحهم..

وحين أتت إليه أخته عنات تطلب قوساً يشبه قوسَ أقهات رفض قائلاً:

- هديةُ الإلهِ للبطل لا تقدّم للآخرين أياً كانوا..

ولشدّة انهماكهِ في العمل المرهق اختار إلهُنا الصانع أحدَ إخوتهِ الصغار -"الإله كينّار-" ليخصّهُ بأسرارهِ ويساعدهُ في الصناعة..

***

كان كينّار هذا شـاباً وسـيماً فرحاً مبهوراً أيّما انبهـارٍ بأخيهِ الأكبر فلازمهُ ليتعلّم منهُ سحره.

ومنذ ذلك الوقت ما عاد الشـقيقانِ يُشـاهَدانِ إلا معاً..

خاطـب كوثارٌ يوماً أخاهُ كينّار:

- مـن الآن فصاعـداً أوكل إليـكَ مهمـةَ صنـع الآلاتِ الموسـيقية وأنـتَ شـغوفٌ بهـا.. بها النـاسُ في المعابـد، وترافق مـن الآن وصاعداً الموسـيقا حياتَهم واحتفالاتِهم في كلِّ آن، وتروّح عنهم وتسـعدهم..

ثم أعطاهُ هديةً عجيبة!..

مد يدهُ بصندوقٍ مجوفٍ من الخشـب امتدّت بداخلهِ أوتارٌ سبعة عَزَفَ عليهـا كوثار بإصبعهِ أعذبَ الألحان:

- سأطلق اسمي على هذا الصندوق السحري كوثارا "قيثارا"، ولكن أهبك إيّـاه وغيـرهُ الكثير من الأدوات الموسـيقية حتى تصبح مـن الآن فصاعداً يا كينار ربّ القيثارة..

تنـاول كينّار الصندوقَ السـحري ذا الصوتِ السـاحر غير مصـدّقٍ عينيه، وقد جُنّ به من الفرح..

وقد عزف عليه كينّار ألحاناً شجيةً عجيبةً كالساحر، بلمسته عليه شعورَ السـامعين وبدّل عواطفهم في لحظة من حالٍ إلى حال!

ومن ذلك اليوم المجيد ما عقد السوريون حفلاً ولا زفافاً إلا ورأوا إلههم الطروبَ كينّار جالسـاً في إحـدى الزوايا يعزف لهم ويطربهم..

ثـم تعلمـوا صنعَ الألحـان وأمامـهُ غنـوا فـي المعابـد.. وعلـى أنغامه تزوّجـوا واحتفلـوا، حتـى بات ذكرُ اسـمه أمـامَ شـعبنا مبعثاً على البسـمة والفرح والخيال..

التحيـةُ كلُّ التحيـة والإجلال لإلهينـا الكريميـنِ الماهرين كوثـار وكينّار، واللّذيـن غيّـرا وبطرقٍ شـتّى حيواتنا مراتٍ عديدة وعلـى مدى الأزمنة حتى ما عـاد بإمكاننا التعرف عليها[7]..

ملاحظة:

فـي أماكـن أخـرى مـن هـذا الكتاب المقـدّس تـرد كذلك أسـماءُ آلهةٍ أخـرى مثل حورون و رشـف (الطاعون) وزوجته ددميش (الشفاء) وشغر وإثام وهرغاب وشمول وشـنوم ودمغـاي وردمـان وبنـات بعـلٍ الأربعة وغَتَـر (رب العالم السـفلي) و مشـار (القاضي العادل)، وكذلك أسماء الرسل جُبن (خمر) و أوغار (حقل) و قدشو (الصياد) ويبطان (خادم عنات).

---

7 ملاحظة: في أماكن أخرى من هذا الكتاب المقدس الذي دونه الكاتب إيلي ملك بأمر من الملك نقماد ترد كذلك أسماء الآلهة حورون ورشف "الطاعون" وشغر وإثام وهرغاب وشمول وشنوم وردمان وبنات بعلٍ الأربع.. وكذلك أسماء الرسل جُبن "خمر" وأوغار "حقل" وقدشو "الصياد" ويبطان "خادم عنات".

السِفْرُ الخامس

الملوك والربّيون

"الصالحون"

1

الربيون / الرفائيون

آلهةُ عالم الموتى

في العالـم السـفلي يسـودُ الـظلام الأزلـي، ويجـري نهـرُ أرواح الموتى يحرسه عشتر.

هنـاك فـي العتمـة يعيـشُ الأجـدادُ إلـى أبـدِ الآبديـن بعـد أن التهمهـم "موت"..ويحكـم عالمَهُم الإلهُ غَتَر..

يبقـون أبـداً هائمين على هيئة ظلالٍ وأرواحٍ، وتزورهم شـبش في الليل كلما هبطت تحت الأفق..

- إلى أين تسـافرين بعيداً أيتها الشمس الغاربة؟..

يسـأل عبّادُ الشمس ربّتهم، فتجيب:

- إن شـعبي في الموتى من سـكان العالم ، وممن يحرسـون ويرعون الأحفاد..

تقـومُ فـي العالـمِ السـفلي الـظلالُ والأرواح مـن رقادها معاً، ويمشـون أفواجاً كجيشـينِ عظيمين تسيّرهما الأقدار..

***

والصالحـون فقـط مـن أجدادنا ممن أطاعوا الربّ ونشـروا في الأرض يغـدون مـن أولئك القدوسـين، وعلـى شـعبِ العالـم السـفلي يغـدون ملـوكاً أبديين..

واسـمُ أولئك الملوكِ المقدسين هو الربّيون أو الرفايوم..

ومـراراً يزورُ الربيـون أفواجاً مجلسَ الآلهة.. يأتون إلـى المجلس راكبين العربات، ويبحثون مع الأرباب أحوالَ الكونِ والبشـر في ولائم سـخية..

وتغدو للربّيين سُـلطةٌ على الآلهة، وكذلك تصبح لهم القدرة على شـفاء الأحفاد، لذا نُجلُّ موتانـا ونطلب منهم المعونة.

ومـن أولئك الربّيـيـن عرفنا "زكور" ملك حماة و"نقمـاد" ملك أوغاريت، ومـن ملـوك دمشـق ثمّـة "ريـزون" و"حزيـون" و"ابـن حـدد الأول والثاني والثالث" و"رصين" الذي أعدمه ملك آشـور.

فـي أحد الأيـام دعا الإله دانـال.. الرجـل الرفئي الصالـح، دعا الأمراء إلى وليمة:

"وأسـرع إليه آلهةُ العالم الأسفل".

"ألجموا الأحصنة وأسرجوها".

"واعتلوا مركباتهم وانطلقوا".

"ساروا اليوم الأول والثاني".

"ووصلوا في اليوم الثالث بعد شـروق الشمس".

"ادخلـوا إلى بيتي يـا أمراء.. وإلى هيكلي يا رفائين".

وقامت الإلهة عنـات بالتحضير للوليمة:

"ذهبت للصيد واصطادت طيور السـماء".

"وطبخـت الأبقار والخرفان وذبحت الثيران".

"وزينت المائدة بالأغصان".

"في هذا اليوم سـكب خمرٌ معتق".

"خمر سرمانيه.. خمر بلد".

"في اليوم السـادس أكل الرفئيون وشربوا الخمر الفاخرة...".

وفي ما يلي دانييل أحـد أولئك الأنبياء والصالحين.

2

دانييل - الملك الصالح

مـن أكثـر الملـوك حكمـةً وفضيلـةً عـاش فـي غابـر الأزمـان الملـك الصالـح دانييل..

كان دانييل هذا شـديد الورع والتقى عابداً مخلصاً لبعل، وعلى اسـمه أطعم الوجبات المقدسـة كل ما اسـتطاع..

وأثنـاء تلـك الولائـم الكبـرى صدحـت مغنيـات المعبـد بأغانـي المديـح للآلهة..

على موائده قدم الملكُ الأعطيات لبعل من عسلٍ وزيتٍ ونسيج، وأمر الشـعراءَ مراراً بتأليف القصائد لسـيد الحياة..

وقـد حكم دانييل شـعبَهُ بالعدل حتى ذاعَ صيتُـه في جميعِ البلاد..

فـي المحكمـة أنصف الملكُ الأراملَ والفقـراء، ومن مالهِ الخاص رعى اليتامى والمسـاكين..

وحيـن مـات الملـك انضـم لعائلـة أربـاب العالـم السـفلي فبـات مـن "الربييـن" مـن أرواح الأسلاف الصالحين وظلالهم المقدسـة وغدا مقدسـاً شأنه شـأن "زكور" و"ريزون" و" و"بن حدد" و"رصين".

***

وقد كان لدانييل هذا ابنةٌ صالحةٌ مثله اسمها بُغات، ولكن لم يكن لديه ابـنٌ ذكر، وذلك ما نغّـص على الملك الفاضل حياتَه..

ناجـى الملكُ ربَهُ دامع العينين:
- أيْ بعلُ حدد.. من يرعاني يا سـيدي حين أغدو طاعناً في السـن؟
تخاطب بُغات أباها باكيةً:
- ابنتـكَ المحبةُ ترعاك يا أبتي..
- الفتياتُ يتزوجن، ويرعينَ الزوجَ والأبناءَ وعائلة الزوج.. وأما أنا فأموتُ هاهنا وحيداً مريضاً.. وحين تحينُ ساعتي من يُقيم طقوسَ جنازتي؟.. ومن يرعى في هذهِ البلاد من بعدي عبادة الشـديد بعل؟..
صرخـت الإبنةُ العرّافة في ألم:
- إن كان لربّ السـماوات ذاتُهُ ابنهُ الإلهُ شـنوم يرعاهُ في مرضهِ و أكونُ لك شـنوم يا أبتي حين تغدو طاعناً في السـن..
- غـداً يا بُغـات يعتزل أبوكِ الناسَ في المعبد أسـبوعاً كاملاً خلاله على ذبح الحيوانات وتقديم الطعام والشراب للربّ كل يومٍ حتى يخاطبني الإلهُ في المنام..

***

وهكذا صعد الملكُ الصالحُ إلى حجرتهِ الخاصةِ في المعبد واضعاً مِئزره جانباً، واسـتلقى على الفراش..
ثم إنه واظبَ على الصلاةِ للربّ ليلاً نهاراً أسـبوعاً كاملاً..
في اليومِ السـابع أشـفق بعل على بؤسِ الملك الصالح ودموعه فجلجل صوتهُ في السماوات:
- أي أبتي إيل يا من بيدك صنعتَ البشـرَ من الطين..
لكـم أُشـفق علـى بـؤس دانييـل العـادل والـذي يمنـحُ الأربـابَ كل يومٍ طعامهم وشرابهم..

امنحـهُ يـا أبي الثور ابناً كجميعِ إخوتهِ، وذريةً تخلفهُ كبقية البشـر..

شـاباً يـا خالـقَ المخلوقـات، يقف فـي قصره بـدوره مضيفاً لآلهـةِ أبيه ومخرسـاً ألسنةَ شاتميه وشائنيه..

أعطه من يمسـك كشـنوم الراعي يد أبيه وقت الثمالة وفي المعبد يملأ وعاء نذره، ويطلي سـقف بيته في الفصل الموحل..

أعطـه وريثاً يطلق روحَ أبيه حرةً في السـماء، ويحمي قبرهُ من الغبار.

وهكـذا اسـتمرّ الملـكُ الصالـح فـي عزلتـهِ بالمعبـد حتـى رأى منامـاً عجيبـاً، إذ تبـدّى لـه إيـل ربّ السـماواتِ بعينيـه الكحيلتيـنِ العميقتيـن وقلنسـوتهِ الهائلة..

يخاطب الـربّ في المنام الملكَ الصالح:

- لك يا دانييل يكونُ ابنٌ عظيمٌ شجاعٌ يرعاك ويعبد بعد مماتك الأرباب بركةً من أبيك في السـماوات..

فتح الملك عينيه مذعوراً وهو يفكر برسـالة السـماوات الغامضة..

3

دانييل و

هنـا ينهي الملكُ عزلتـهُ ويعودُ لقصره إذ رأى الربّ في المنام.

وفـي القصـر يضـمُّ زوجتَه الحسـناء "داناتـاي" ويقبلهـا دون أن يخبرها بالرؤيـا.. " وأما هي فبحبقـةٍ حمحمت... وحبلت دون أن تخبر زوجها...".

ثـم إنـه لا يقـدر على نسـيانِ حلمـهِ الغريب في قـدسِ أقـداسِ المعبد، ويصارح به زوجته..

حين تسـمع "داناتاي" بالحلم تجيبهُ مذهولةً:

- نعـم يا زوجي.. وكيف عرفت؟.. لم أشـأ إخبـارك قبل الآن كي لا تبكي ككل مـرةٍ يتبدد فيها الحلم..

هنـا يضيءُ وجه رجل الـربّ بالفرح العارم ويرتفع صوته:

- حتـى أنـا أقدر على الاسـترخاءِ في هناءةٍ، وتسـكن فـي صدري روحي بـسلامٍ، إذ يكونُ لـي كذي القربى ابناً كما وعد الربّ..

***

ثـم يقيـمُ دانييـل وليمـةً عظيمـةً يتضـرع خلالهـا لبنـات الـهلالِ ياريـخ "كوثرات/كثيـرات" حتى يحضرنَ المأدبة..

- فليكن مولودي أيتها الربّات يا سـيدات الحكمة ذكراً..

من شدّة كرمه ونقاءِ سريرة رجل الربّ تقيمُ السنونواتُ البيضاءُ الجميلة ذواتُ الأجنحةِ الزرقـاء في حجراتِ قصرهِ المنيفة..

وتشـرف الطيـور البيـض برعايةٍ خاصةٍ على اكتمال الحمـل داخل رحم الملكة الصالحة "داناتاي"..

وهكـذا يَعُدّ رجلُ الربّ الأيامَ بنفاذ صبر.

وخلال شـهورٍ طويلةٍ يذوقُ خلالها دانييـل النومَ لماماً، ونـادراً ما يأكلُ الملكُ الطعام..

ولكـن خفيةً حتى تتذوقَ على موائدهِ الكريمة من الأطعمةِ النفيسـة..

بعـد طـول صبرٍ تُرزَق زوجُه داناتاي بطفلٍ ذكرٍ شـديد الجمال مشـرق الوجه كامل الصحة..

على سـرير ولادتهـا تسألُ الأمُّ المتعبـة مبتسمةً زوجَها دون أن ترفع عينيها عن الطفل:

- ما سـندعو الطفلَ يا زوجي؟..

- سـندعو أخا بُغات "أقهات".. وسـيكونُ لهذا الطفل شأنٌ عظيم، ويغدو "أقهات" يوماً بطلاً لشعبه..

4

دانييل وكوثار

بعد مُضيّ عدةِ أعوام كان دانييل ما يزالُ واقفاً على بوابةِ قصرِه، يُحكّم بين المتخاصمين وينصف الأراملَ واليتامى..

ومن أعلى البوابة يبصر رجلُ الربّ إلهَ الصنعةِ الماهر "كوثار خسيس" يتسلّل متخفّياً بين المدعوّين اليوميين وقد جذبتهُ رائحة الشواء..

عرفهُ الملكُ الحكيم من لحيتهِ الكثيفةِ الرمادية وظهرِه الأحدب..

وهكذا الملك من على البوابة ويشدُّ الضيفَ العظيمَ من ذراعه، ويقيمُ على شرفهِ مأدبةً عظمى لم يَرَ أحدٌ أو يسمع بمثلها..

يخاطبُ الملك داناتاي:

- لمذاقِ إلهنا الماهر حضّري يا زوجتي حَمَلاً صغيرَ السن طري اللحم، دمَ العنب من كؤوس الذهب.

وكي يعبّر كوثار عن امتنانهِ الشديد بالمأدبةِ النفيسة يفاجئ مضيفهُ بهديةٍ عجيبة، إذ يمنحهُ قوساً هائلةً من خشبِ الدردار كُسِيَت بالحجارةِ الكريمة، وكذلك رُمحاً طويلاً ثاقباً عجيبَ الصنعة..

يشكر دانييل بامتنانٍ ربّ الحرفة..

***

ومن شـدّةِ حبِّ الملك لطفلـهِ أقهات يقدّم له بدورهِ هديّةَ الربّ قائلاً:

- فلتحتفـظ يـا عيـنَ أبيـك بهذه الهديّـة المقدسـة، إذ لا يفـرط مخلوقٌ بهدايا الرب..

-شكراً يا أبتي..

- وحين تكبر وتغدو شـاباً تصطـادُ بالقوسِ والرمح في كل يومٍ ذبيحة..

- وهكذا يكونُ يا والدي..

- ولكـن عدنـي يا أقهات أن تقدّم من كل ذبيحةٍ تصطادُها جزءاً للآلهة.. كذلك يا بنيّ وعدتُ الرب..

- أعدكَ يا أبتي..

ثـم تمضي السـنون ويغدو الطفلُ الضعيف فارسـاً قويـاً وجميلاً.. وتُغرم بـه جميعُ صبايا المملكة..

5

أقهات (1)

وعلـى خطا أبيه يتابع البطلُ أقهات طقسَ إقامةِ الولائم السـخية.

وعلـى تلـكَ الولائـمِ الملكيـة يدعـو الآلهـةَ للحضـور، والتـي كثيـراً مـا شوهدت في قصرهِ ثملةً!

وكان الحاضـرُ الدائم لتلك الولائم الإلهُ كينّـار "إلهُ القيثارة"، والذي أبهرَ الحضورَ كل ليلةٍ طيلة الحفل بألحانهِ السـاحرة..

ومـن بين المدعويـن يوماً كانت المحاربةُ عنات والتي كثيراً ما سـلّطت عينيهـا الحادّتين على القصرِ الفاره..

ثـم إنها أبصرت مـرةً بنظرِها الثاقب قوسَ البطلِ أقهات.

كان أقهات قد نسـي تماماً وعده للأرباب بتقاسمِ ذبائحِ القوسِ معهم..

القـوسُ تلتمـعُ فـي الـظلام مضيئـةً بلآلئِها ميـاهَ البحـرِ السـوداء، فاشـتهتها الربّة..

رمت أناتُ كأسَـها من يدِها بغضبٍ، وقالت بطمعٍ لا يشـبع:

- هذه القـوسُ العجيبةُ جديرةٌ بالآلهة..

ثم لم تقدر العذراء أن تمنعَ نفسَـها عن الحسـدِ والطمع:

- أنـا المحاربـةُ التي خضـتُ في الدماءِ حتى الركـب وامتلكتُ من أنواع الأسـلحةِ مـا لا يُحصـى لـم أبصـر في حياتـي قوسـاً بهـذا الجمـالِ والصنعة الربّانيـة، فكيف لا تكون لي؟

***

وهكـذا أبصـر البطلُ بعـد الوليمة في مخدعـهِ الربّة مطلةً فوق سـريرهِ فارعةَ الطول بخوذتِهـا الفضية ودرعِها الهائلة:

- أي أقهاتُ الوسـيم.. أعطِ قوسـك الربانية لربـةِ القوسِ والرمح، وعوضاً عنهـا أمنحكَ وزنَها ذهباً وفضة..

هنـا يجيبُ البطـلُ العنيدُ المقدام ربّته دونَ ترددٍ ولا خوف:

- تلتمسـينَ أيتها المُهابة قوسـي ونبالي؟ قوسـي التي صُنعت من شـجرِ الـدردار وأوتارُها من الثيـرانِ البرية وقرونُها من ماعز الجبال؟

- نعم أيها الفارس.

- لا أعطيكِ هديةَ أبي لي أبداً، إذ قدّمها لهُ عن طيبِ خاطرٍ ربّ الحرفة أخوكِ كوثار..

فتحت عنـات عينيها غير مصدّقة:

- ماذا قلتَ أيُّها البطل؟.. هل رفضتَ للتوّ يا أقهات إطاعةَ أوامر ربّتك؟.

هنا ابتسـم أقهاتُ المقدام ساخراً:

- مـا القـوسُ يـا مولاتي إلّا للجنـود، وما حاجةُ النسـوةِ للـسلاح يا عنات الجميلة؟..- أما عرفـتَ أنني ربّةُ الحربِ أيها الجاهل؟

- بلى يا سيدتي..

- وأننـي بمثلها أصطادُ كل يومٍ صيـداً عظيماً من جماجمِ الرجال؟..

- عليـكِ إذاً بإلـه الحرفـة يـا سـيّدتي وهو أخوكِ.. اسـأليهِ يصنع قوسـاً أفضل منها..

6

أقهات (2)

يعلـن ربّ الحرفة بإصرارٍ رفضهُ لرجاءِ الربة:

- هديةُ الإلـهِ للبطل لا يُصنع مثلها لأيٍّ كان..

وهكذا تتقلب عنـاتُ في فراشها كل ليلـةٍ دون أن تقدر على التوقّف عن التفكير..

كانت قد أعجبت بالشاب وبقوسهِ الجميلـة.. ولكـن أذهلَها عناده، وأزعجها رفضهُ القاطع، إذ لم تتوقعه..

كانت عناتُ أشدّ الآلهة بأساً وعناداً إذ لا تيأس أبداً، وهكذا أطلّت ثانيةً في مخدعِ البطلِ أقهات:

- اسمع أيها الفارس..

صاحت بهِ في ظلام مخدعه:

- لقـد رفضَ أخي إعطائي قوساً كقوسك، ولكن امنحها لـي.. وبالمقابل أهبكَ هبةَ الخلود، وبها تعيشُ أبداً كالإله..

فتح أقهاتُ عينيـهِ غير مصدّقٍ ذلكَ العرض الكريم، بينمـا راحت هي تزيّن لـهُ عرضَها السخي:

- اطلـبِ الحيـاةَ أيها البطل اطلبها.. سـلني الخلود أُعطيكَ إياه، ومن لا يشتهي الخلود؟

لئـن أطعتني أجعلكَ تحصي السـنواتِ مع إيل.. تَعُـدّ الأيامَ يا أقهات بلا نهايـةٍ كوالدي الثور، فما هو ردك؟..

- الخلود؟!.. لا يليقُ بالعذراواتِ الكذب.. لكنكِ يا عنات لم تقدري على منـحِ بعلكِ الخلود، وها هو يموتُ كل عامٍ أمام عينيكِ ورغماً عنكِ فيصيبكِ الحرمانُ والفجيعة..

جُنّ جنونُ الربّة وهي تسـمع ردّهُ الوقح:

- ومـا مصيرُ الإنسـان يا سـيدتي؟ الخلـودُ لم يُكتب للبشـرِ أبـداً، وككلِّ إنسـانٍ آخـر سـتُطلى جمجمتـي يومـاً بالجص وتغطـى باللفائف، ثـم تُرمى تحت الأرض مثل أي متسول..

- ويلكَ يا أقهات "صاحت الربة".. سلّم لي سلاحك اليوم، وإلا اصطدتكَ برُمحي كغزال..

هنا سـخرَ أقهات من الربّة قائلاً:

- ومنذ متى تجيدُ النسـوةُ فنَّ الصيد؟..

هنـا زأرت عنـات فـي نوبة غضـبٍ اجتاحتهـا، وخرجت من قصـر البطلِ متوعدةً، ومـن ضربات قدميها على الأرض ضربت الأرض الزلازل..

***

أسـرعت العذراءُ إلى أبيها إيل ربّ السماوات:

- فلتسـمع يا إيل ماذا فعلَ الأمير الوقح بربّة الحرب..

فلتـأذن لـي أنتَ يـا من تملك مصيرَ البشـر بأن أنتقم منـهُ وأطبّق عليه القصاصَ العادل، فالبشـرُ لا يتحدّون الآلهةَ أبداً..

- ولكننـي يا ابنتي مـن أهديتُ البطلَ إلى أبيهِ الصالح..

- لتعلـم أيهـا الثور أنّـي أعني اليـوم ما أقول.. مـن يتدخّـل لإنقاذِ هذا الوقحِ مني سـيتعينُ عليهِ محاربتي أنا بالذات..

هنا غضبَ الأبُ شاعراً بالمهانة:

- تقفيـنَ بصلفٍ هنـا فـي السـماوات ضاربـةً الأرضَ بقدميـكِ يـا عنات وتصيحين بالخالق؟!!..

أمنحـكِ اليوم إذاً -وقد عرفتُ قسـوتكِ وجبروتكِ- كلَ ما تريدين، وفي طريقكِ لن أقف..

7

عنات وأقهات (1)

ثـم تقلبـت الربّـةُ علـى فـراشٍ مـن الجمـر طيلـةَ الليـل محاولـةً أن تكظُـم غيظها:

- كيـف أقتـل بيدي من أحبّ؟.. كيف أؤذي عامدةً مـن ينبضُ قلبي؟.

ثم ابتسـمت الربّةُ وقد خطـرت لها فكرةٌ ماكرة..

وهكـذا تنكـرت الربّـة علـى هيئـةِ صبيـةٍ حسـناء، وبعـد رحلـةِ بحـثٍ طويلـة عثرت على الفارسِ أقهـات يصطادُ في البراري..

هنـا ظهـرت الربّـةُ للبطل في الغابـة كحوريـةٍ بكاملِ سـحرها وغوايتها، ثـم طلبـت منه أن يلاحقها إلى مـكانٍ بعيد آملةً أن تحصلَ منـه على قلبهِ وقوسه بضربةٍ واحدة..

أطاعَ الفارسُ الشـجاع طلبَ الحورية الحسـناء، وحيـن انفرد بها تمالك نفسـه وأظهرَ للحسناءِ قوّة إرادته:

- لا أفهـم قصـدكِ أيّتُهـا الحوريـة.. لقـد طاردتِني بلا هـوادةٍ زمناً، وقد علمـتِ كـم أنا مشـغولٌ بالصيد.. وإذاً أجيـبُ رغبتكِ بالرفض إذ لا يشـغلُ الصيـادَ عـن طريدتهِ شـيء، ولتبحثي لكِ عن حبيـبٍ آخر في مكانٍ آخر..

هنـا جُنّ جُنونُ الربّة المحاربة وأعماها الغضب، فيمّمت وجهَها شـطرَ محاربِها ورسولِها..

***

صاحت الربّة في المحارب:

- اسمع يا.. أقوى الرجالِ وأجملُهم أقهات قد أهان لتوه سيدتكَ عنات، وها هو اليوم يسكنُ في هناءةٍ قرت "قرية" أبيليم..

- وماذا بعدُ يا مولاتي؟..

- على رسغي يا أضعُكَ كنسرٍ، وعلى راحةِ كفي أحملك كصقرٍ جارحٍ ماهرٍ في الصيد إلى حيث يرتاحُ ابنُ الملكِ دانييل..

يومئُ المحاربُ في طاعةٍ لسيدته..

- البطلُ الآن في براري المدينة منهكٌ من الصيد، وهو يوشك على التهامِ فريسته..

قبل أن يطلعَ النهارُ أطلقكَ عليه كنسرٍ شرس.. وضمن زمرة النسور تحلّق فوق رأسه، وأكونُ أنا نسراً آخر أحوم بينكم ناظرةً إلى فريستي تحتي.. سوف تضرب تاجه مرتين، وتنقر ثلاثَ مراتٍ أذنه، وتسفك دمهُ كالطريدة..

إذ ذاك يقع البطلُ على ركبتيه، وتخرج نفسهُ من صدرهِ كالريح، ومن أنفهِ تتبخر روحُهُ إلى الفضاء..

8

عنات وأقهات (2)

وإذ جلـس البطـلُ المتعب ابنَ دانييل ليأكلَ الشـواء، حوّمت فجأةً فوق رأسـهِ زمرةٌ من النسورِ الكبيرة..

من بينِ هذهِ النسـور أطلقت عليه عنات واحداً ضربهُ مرتين على التاج وثلاثاً فوق الأذن..

وهكذا انسـكب دمُ المحاربِ قانيـاً كالخمرِ على الأرض وتداعت ركبتاه، ومن صدرهِ تسـارعت أنفاسُـهُ كالريحِ الهوجاء، ثم تبخّرت روحُه من مِنخره إلى الفضاء..

وقفت العذراء العملاقة مترقبةً تشـاهد سـكون المحارب على الأرض..

ثم انفجـرت فجأةً تبكي وتنوح قائلةً:

- ويلٌ لك أيها الفارس المستلقي على الأرض دونَ حراكٍ لأنك خالفتني.. أنا من أعطيتُكَ الخلودَ عن طيبِ خاطرٍ، لكنك اخترتَ قوسكَ ونبالك ولأجل سلاحـك وكبريائكَ ترقد على الأرض هكذا دون أنفاس..

وهكـذا راقبـت المحاربـةُ باكيةً الطيـورَ تهبط علـى جثةِ الفـارس لتأكل كبـده وانتظرتهـا حتـى أتمّـت مُهمّتهـا، ثم تفرّقت النسـورُ بعد ذلـك طائرةً إلى السماء:

- ويلٌ لكَ ولي..

كذلـك صاحت من لوعة الفقد..

***

ثم نهضت الربّة يائسـةً بحثاً عن القوسِ المنشـودة.

ثـم رأت خادمهـا يحمل القوس في فمهِ، كالصقر حاملاً الفريسـة..

من فم الصقرِ إلـى أعماق المياه..

وحين أمسكت الربّةُ القوسَ أخيراً كانت قد كُسرت كسراً عميقاً أتلفها.

مـن ألمِهـا وغضبهـا أطبقـت الربّـة أسـنانها بقـوةٍ حتـى تكسّـرت، ثـم صاحت نائحةً:

- لقـد عَلّمـتُ الفارسَ معنى التواضع، ولأجلِ قوسـهِ قتلتُه..

ولكنّنـي أصيحُ اليـومَ ككبـشٍ يائسٍ فـي الحظيرة، وأنبـحُ ككلبٍ أضاعَ عصـاه، أنا التي فقدتُ اليوم كلّ مـا عملتُ لأجله..

ومـن صياحـي السـاعةَ سـتذبُل براعـمُ الصيـف، وتمـوتُ السـنابلُ فـي كيزانِها!..

9

دانييل وبُغات (1)

وقـف رجـل الربّ دانييـل كعادته فـي المحكمة ينصـف الأرملة ويحكم للفقيـر موزّعاً على الناسِ العدل.

لكـن كانت ابنتُهُ الصالحة بُغات تلاحظ آنذاك علائمَ شـؤمٍ أرعبتها..

رأت بُغات أولاً البراعم تُحني رؤوسَـها من العطشِ الشـديد، ورأت نباتَ الحنطـة يجفُّ حتى يموتَ في كل مكان..

ثـم إنّها أبصرتِ النسـورَ تحـومُ فوق قصرِ والدِها وأسـرابَ العقبانِ تنظر تحتَهـا، فبكـت فـي أعماقهـا شـؤماً إذ علمت مـن الطيـورِ الناعقـة أنّ رجلاً عظيماً قد مات..

وهكذا اسـتعارت ثوبَ أبيها وضمّتهُ إلى صدرها فزعاً ثم تسـاءلت:

- فـوق أيِّ جثّةٍ تحومُ تلك العقبان؟

***

حيـن اشـتدّ الجفـاف راح رجل الربّ يصلّـي بلا كللٍ كي تمنـحَ الغيومُ المتفرقـةُ فـي الفصـلِ الحـار أوائـلَ رذاذهـا، وكـي يتجمّـع النـدى فـوق حبّات العِنب..

- أي بعـلُ حدد، يا ربّ العاصفة..

لقد نسيتنا يا ابنَ الربّ سبعةَ أعوامٍ كاملةً، ولم نلمح منذ دهرٍ نداكَ ولا أمطـارَكَ يا راكبَ الغيوم، ولا سـمعنا صوتَكَ الحلوَ الهادرَ كالرعد..

كذلـك نَسـينا ابنُنـا الفـارسُ أقهـات، فجفّـت من بعـدهِ أرواحُنـا كهذهِ الأرضِ العطشى..

سألت الابنةُ الصالحةُ أباها:

- مـا نحـنُ فاعلـون يا أبتِ؟ لقد سـألتُ الغيـومَ والنجومَ مئة سـؤالٍ وأنا العرافة، لكنها لم تجب عن أسـئلتي.. وعصرتُ الشعيرَ كلّ صباحٍ كي أحصلَ منـه ُعلى المـاء.. أتراها الأرضُ قد تضرّجت بدمِ الجريمة؟..

- فلتُسـرجي يا قارئةَ النجومِ حماراً بسـرجيَ الفضّي..

فعلـت قارئةُ النجومِ مـن فورِها ما أُمرت به على قدميها..

ثم حملت بُغاثُ أباها المسـنّ فوق السرجِ الفضي..

وتبعـت الابنـةُ أباهـا حيثُما جال فوق حماره في أرجاءِ الأرض العطشـى ممارسـاً طقسَ الخصوبةِ والسُّقيا..

كلّمـا لمـح الرجلُ الصالح سـاقَ نباتٍ غضـةٍ في الأكمّة هبـط عن الدابة معانقاً النبات، ثم قبّل السـاقَ الخضراء بشـفتيه هامساً:

- فلتُزهر أيّهـا النباتُ الصغير في الأرضِ الجافة..

وإذ لمح عُشـبةً واحدةً صغيرةً صاح بها:

- عسـى أن تمتـدّ إليـكِ أيّتهـا العُشـبة المباركة يـد بنيّ أقهـات المفقود لتضعكِ في مخـزنِ حبوبنا فتطعمي الجياع..

***

وهكذا مضى اليوم إلى أن لمحت بُغاثُ مذعورةً رسولينِ شابّينِ قادمينِ من بعيد..

وإذ اقتربـا سـمعت مـن شـفتي الرّسـولينِ نُواحاً وعـويلاً، وقـد ربط كلٌ منهُما رأسه بعُصابة..

ثم إنها رأتهُما يضربان الرأس ثلاثاً فوق الأذنين.

صاح أحدُ الرسولين الشابين:

- آهٍ لـو أن بعـل لا يُحمّلنـا إلا أنباءَ الفرحِ والانتصار.. لما حملنا آنئذٍ لكَ أيها الملكُ الطيّب إلا الأخبارَ الطيبة،

لكـنَّ العـذراءَ المحاربة ما تفتأ تحمّلنا هي الأخرى بالأنباءِ البائسـةِ الساحقة..

قال الرسـولُ الآخر دامعَ العينين:

- اسـمع يا رجل الرب.. البطل أقهات قد مات..

الربّـة العـذراء قد أخرجت كريحٍ روحَهُ من أنفـه، وجعلتهُ يبصق حياتهُ من حلقهِ كالدم..

10

دانييل (3)

هنـا تشـنّجت حنجرةُ الرجـلِ الصالحِ في صوتٍ كالفحيح، ثـم رفع عينيهِ نحو السـماء بصيحةٍ طويلةٍ باكية..

ثـم تقلّصـت عـضلاتُ ظهـرِه، وارتجّـت مفاصلُـه وانهمرت الدمـوعُ من عينيـهِ كالمطرِ المنتظر طويلاً...

- ألهذا يا بعلُ حامت الطيورُ النهمة فوق أرضيَ العطشى؟.. ألتنهشَ من جثّـة بُنيّ الحبيب؟.. ألهذا حرمتَنا يا سـيدي من الماءِ والمطر؟..

أجابته بُغاثُ النائحة:

- كلا يـا أبـتِ.. بل إنّ السـيّد غاضبٌ مـن فظاعةِ الجريمـة، لذلك خاصم أرضنـا.. وأما الطيور فقد علمنا أنّها تحومُ حيثما وُجِد الدمُ المسـفوك..

- ولكـن أيـة جريمـة؟ ومـا الـذي حدث يـا ابن الـرب؟ وأين هو الجسـدُ الحبيب للفارسِ البطل؟..

وإذ لمـح الملكُ الصالحُ الطيورَ تنعق جهةَ الغرب صاح مخاطباً السـيّد:

- فلتحطّـم يـا إلهي أجنحةَ النسـور، ولتكسِـر أيّها السـيّد عظامَ صدرها.. حتـى إذا سـقطت مزقتُ حوصلتهـا إلى أن أعثرَ على جثّـةِ القتيل الحبيب.. فـإن وجـدتُ داخل الحوصلـة حنطةً وحصـى تركتها وانشـغلتُ باصطيادِ ما تبقـى.. وإن وجـدتُ بداخلِها لحماً وعظامـاً دفنتُها ووقّرتُهـا في حفرةِ رحم الأرض التي يجـب على كل مخلوقٍ العودةُ إليها..

كان بعلٌ بـدورهِ يزمجر غاضبـاً حانقاً من الغدر، إذ تذكّـر كيف قُتل هو كذلك يوماً ما ظلماً...

***

وهكذا رأى الناسُ أجنحةَ الطيور تتكسـر، والطيورُ الكبيرةُ تتسـاقط عند قدمي الرجل الصالح..

وكلما عثر دانييل على حوصلةٍ فارغة رجا ربّه أن يرحمَ الطيور ويعيدَها إلـى الحياة.. وهكذا طيلةَ اليوم.

- انهضـي أيتهـا الطيـور فقـد قتلتـكِ ظلمـاً.. عـودي إلـى الحيـاة ولتطيـري بعيداً..

ثـم لمـح الجميـعُ الإلـه "هرغـاب" أبـو النسـور يطيـرُ قادمـاً مـن بعيـد ومتسـائلاً عن مصيرِ كلِّ تلك الطيور المتساقطة..

لكـن غضـبَ الإلـه حـدد كان شـديداً كفايـة، إذ تكسّـرت كذلـك أجنحةُ "هرغاب" العظيمة..

وداخل حوصلته لم يعثر الأبُ البائسُ النائح على شـيء..

- لتنهض يا أبا النسور، ولتطر ثانيةً في عليائك فابني ليسَ في أحشائك.

ثم أقبلت الإلهةُ "شُـمول" أمُ النسور..

داخـل حوصلتها عثر الملكُ هذه المـرة على عظامِ ابنه الحبيبة!..

ثـم إن دانييـل المفجوع بكى العظامَ بحرقةٍ، وراح يغسـلها وينظفها ثم أرقدهـا بتبجيلٍ في حفرةِ أرباب الأرض..

ثـم إنه تضرعّ إلى ربه قائلاً:

- لتكسـر يا إلهي أجنحةَ النسـور إن حوّمت ثانيةً فوق قبرِ ابني وأقلقت راحته الأبدية..

وإذ عـادت شُـمُول إلى الحيـاة ركعَ الأبُّ علـى ركبتيه وتضـرّع إليها أن تخبـرهُ عمن قتل ابنهُ الوحيد..

أجابتهُ الآلهةُ القويـة ذات الجناحين الهائلين:

- خـادمُ الربّـة عنات هو مـن قتلَ ابنكَ الحبيب يا ابـن الرب.. هو الذي أسـال من رأسـهِ الدماءَ غدراً... فلتهدّئ من روعكَ أيّها الأبُ الباكي..

11

دانييل وبُغات (2)

بعـد مراسـم الدفن والصلـوات اتّبع الملـكُ الصالح كعـادةِ الأقدمين كلَّ طقوسِ الأجداد بحذافيرها..

أولاً لعن مـدن قورمايـيم وقرت أبيليم ومرارات:

- ويـلٌ لـكِ أيّتها المـدن والتي بجانبِها ضُربـت جمجمةُ بنيّ إلى الأرض.. ليصبـكِ القحـطُ والموتُ والمرض، وليصبح أبنـاؤك لاجئين في أرجاءِ الأرض وأيتاماً حتى آخر الزمن..

و ثانيـاً اعتكـفَ الملـكُ في قصره، وتبعتهُ النسـوةُ النائحـات وظللن في القصر يبكينَ البطل سبعَ سـنين.. وأما الرجالُ والخدم فقد مزقّوا جلودَهم وظهورَهم بالسـياطِ حُزناً طيلةَ سبعةِ أعوام..

ثـم قـدّم الملـكُ كل يـوم -متبعـاً عـادة الأجـداد- للآلهـةِ أعطيـةً مـن العطـور والبخـور. وهكـذا حتى تصاعدت فـي المدينة الروائـحُ الزكيةُ إلى السـماء وجالت بين النجوم، ثم دخلت أنوفَ سـادة السماء جميعاً..

وفـي المعابد أقيمـت الولائم ورقصت الراقصاتُ بالصنوج..

فـي نهايـةِ العامِ السـابع صـاحَ الملكُ بالنائحـاتِ وجالدي الظهـور طالباً منهم التوقّفَ عن الحداد..

ثم سمع الناسُ قهقهةَ بعلٍ الصاخبةَ فجأةً بين الغيوم، وضربت الصاعقةُ الأرضَ ثـم انهمـرتِ الأمطارُ على الأرضِ مدرارةً، وتدفّقت الأنهارُ في أخاديدِ الأرضِ العطشى..

- إن سيد الحياة الذي أعطانا أقهات ثم أخذه ثانيةً سعيدٌ الآن وثمل لأنّنا اتبعنا طقوسَ الأجدادِ بحذافيرها، وأقمنا الحدادَ سبع سنين وقدّمنا الأعطيات للآلهةَ جميعاً..

***

ثم خاطب الصالح ابنته:

-لكن أباكِ يا ابنتي الصالحة قد عاد ثانيةً كما كان أبداً دون ابنٍ..

أجابت العرافة التي تنبأت من البداية بما سيقع:

- برعايةِ الطقوس والعادات تحمي يا أبت العباداتِ والأديان وترضى عنك الأرباب، ومن بعدك أتابع أنا ابنتكَ العملَ الصالحَ وأقيمُ العدلَ بين الناس..

- وماذا عن الثأرِ يا فتاتي؟.. أليستِ العدالةُ في القصاصِ دوماً؟..

- نعم يا أبتِ..العدلُ أيُّها الملكُ العادل في القصاص..

ابنتكَ التي تعلم مسارَ النجوم وتحمل الماء على كتفيها كل صباحٍ ومن الشعيرِ تعتصر قطراتِ الماء ترجو مباركتك لتخرج اليومَ باحثةً عن القصاص.. ستبحث بُغاتُ يا والدي عن قاتلِ طفل العائلة، وبهذهِ اليد أضرب من ضربَ ابنَ أمّي..

- أعيدي لي حياتي التي سُرقت منّي بتطبيق القصاص.. بالقصاص العادل يحيا أبوكِ ثانيةً..

وهكذا خرجت بُغاتُ من القصر بحثاً عن قاتل أخيها.

وأما الملكُ الصالح فقد تابع حياته في رضا وقناعة مسلّماً أقدارهُ للآلهة، وأقامَ العدل بين الناس وأرضى الربّ إلى آخر يومٍ في حياتهِ، إلى أن غدا في العالم السفلي إلهاً من الربّيين..

12

بُغات

مشـت الابنـةُ الصالحة وكاهنةُ بعـل نحو البحر، حيث اغتسـلت بمياهه المالحة جيداً..

وكسـوريةٍ أصيلة جمعت من أصـداف البحارِ لونَ الأرجوان، وبه صبغت شـفتيها وخدّيها بالأحمرِ القاني..

ثـم ارتـدت ملابـسَ الأبطـالِ والمحاربين، وفـي غمدين غرسـت خنجراً ثم سيفاً..

وفوق ذلك كلّه ارتدت لباسَ شـابةٍ حسناء..

حيـن مالت شـبش نحو المغيب خرجت بُغات نحـو الحقول، وإذ غابت شـعلةُ الأرباب تماماً التمعت في الظلام خوذتُها وبَرَق سـيفُها..

وإذ وصلـت الحسـناءُ المحاربـةُ إلـى الخيام رآهـا الجنودُ فتسـمّروا من الخوف دون كلمةٍ واحدة..

وتناهـى الخبر إلى يطفان في جناحه حيث كان يشـرب الخمر:

- سـيدتنا المحاربـة ذات البـأس قـد أتـت لزيارتـك بجمالهـا وحمـرة خدودها.. فوق رأسِـها خوذتُها حاملةً جميعَ أسلحتها..

صاح خادم السـيدة بعد أن أغضبها:

- أدخلوا سـيدتنا المحاربة ابنة خالقِ هذه الجبال، واسـقوها دمَ العنب من كؤوس الفضة..

***

كان شبه ثملٍ من فرط الشراب فلم يميّز وجه سيدتهِ عن وجهِ الزائرةِ الغريبةِ في الظلام..

وكلما أُتيَ لبُغاث بكأسٍ من الخمر سقتهُ إيّاهُ مثنى وثلاثاً، حتى كاد يفقد وعيه..

راح الخادمُ يتزلف في ذلٍّ لمولاتهِ الغاضبةِ منه وقد انعقد لسانه:

- هذه اليدُ التي قتلت لكِ البطلَ أقهات يا سيّدتي ستقتل كذلك ألفاً من أعدائكِ، وبالسحرِ الأسود يخضع لكِ أشدّ الرجال بأساً..

- لقد غلب حَسَدُ المرأةِ وغيرتُها القاتلة وكبرياؤها سيّدتك يا يطبان، وهكذا وَقعتْ في شباكِ الجريمة..

عينا المحاربِ الثملِ في ذهولٍ مما سمع، لكنه ظنّ أن الربّة عنات تشعرُ اليومَ بغصّةِ الندم فراح يواسيها ويبرّر جريمته قائلاً:

- بل مات البطلُ لسببينِ يا مولاتي.. الأول قصاصاً من غرورِ البشر وتحدّيهم للآلهة ورفضِهم طاعتهَا، والثاني أن أقهات لم ينفذ وعده بتقديم جزءٍ من كل ما يصطاد للأرباب وهكذا حطّمت يدُ العُقاب والعِقاب جمجمته..

- وكذلك يقتصُ من جريمتك سيفُ العدلِ يا من سرقتَ دون ذنبٍ حياةَ ابن أمي..

شهق القاتلُ مذعوراً إذ انتبهَ لأنه اعترف بجريمتهِ لأخت القتيل،

لكن سيف بُغات المسلول إلى عنقهِ كان أسرع منه، إذ اخترقه بسرعةِ البرق وأسال على الأرض الدمَ المذنب..

التمعت عينا الابنة الصالحة في رضا وهي تتسللُ من المخيم بين الجنود..

كانت قد أحيت للتوِ من جديدٍ أباها..

رفعت وجهها إلى السـماء قائلةً:

- وأمـا مـن الآلهـة فلا يجوزُ ولا يمكـن الاقتصاص.. فلترحمينـا يا عنات.. كذلـك تقتل نزواتُ القدرِ أحلامَنا وتغيّر رياحُه مجرى سـفننا..

وستسـمع الآلهـةُ أن الابنـة المجـدة الصالحـة التـي تقـرأُ النجـوم فـي الليـل وتصحـو كلَّ فجرٍ للعمل سـتواظب حتـى نهايةِ أيامها علـى عباداتها وطاعتهـا وعلى إحياء ذكرى موتاهـا وتضع على العش أبناءها كما وعدت ذات يومٍ أباها..

13

حلم حمورابي

حمورابي هو سادسُ الملوكِ الآموريين السوريين الذين هاجروا شرقاً وحكموا بابل[8].

وقد ارتقى جدُنا العظيمُ العرشَ بعد اعتزالِ أبيه لمرضه وضعفه.. وقد وسّع الملكُ حدود مملكته حتى بلغت ماري وسطَ الفرات، وكأجداده من رجال الربّ حكم الناسَ بالإنصاف بل كان شغوفاً بالعدالة لدرجةٍ لم يشهدها التاريخُ من قبل..

حين زار الملكُ الشابُ محاكمَ بابل ذُهل من حجم الظلم الذي يقعُ على بعض المتقاضين، إذ اغتُصِبَت حقوقُ اليتامى والأرامل في وضحِ النهار، ولم يكن للقضاةِ مرجعٌ يرجعون إليه سوى نزواتهم وأهوائهم، ولا هم شاؤوا إنصافَ الضعيفِ من القوي..

- الحقيقةُ الساطعةُ كالشمس في المحكمة لا تهم بقدرِ ما يهم مكانةُ البشرِ المتقاضين ومزاجُ القاضي.. لابد أن الآلهةَ يرتعدون في السماواتِ غضباً من مظالم البشر..

وهكذا أوى الملكُ الصالحُ إلى فراشه مضطرباً مهتاجاً من كلِّ المظالم التي شهدها بأمِّ عينيه..

---

8 وفقاً للمؤرخين تعود أصول ملوك بابل إلى القبائل السورية العامورية "الآمورية" التي كانت تسكن في جبال بسر غربي الفرات "جبال البُشري" ومنها توجهوا شرقاً وغرباً وشمالاً.

ثم إنّه رأى مناماً عجيباً أيقظه ُمتعرقاً مذعوراً..

لقد رأى في تلك الليلة ربّة العدالةِ شمش بجرمِها الضخمِ المحرق غاضبةً في الظلام:

- فلتزر يا خليل الآلهةِ غداً معبدَ ربّتك.. لقد اختارك الأرباب لمهمةٍ عظيمةٍ تليقُ بك..

حين صحا الملكُ في الصباح اغتسلَ وردّد صلاته في نفسه للآلهة، ثم أخبرَ مستشاريهِ بالحُلمِ العجيب:

- ما الحلمُ يا سيدي إلا رؤيا ورسالةٌ من الآلهة للقلبِ الطاهر..

***

ثم إنه ذهب في موكبٍ إلى معبد شمش،

البوابة طلب من مستشاريه أن يدخلَ إليها وحيداً دون كاهن..

داخلَ قدسِ الأقداس كان الظلامُ دامساً إلا من شعلتينِ خافتتينِ في الزاوية، ومن شدّة البردِ والخوف تجمّدت أطرافُ الملكِ وارتعدت شفتاه.

كان تمثالُ الربّة الجالسةِ على عرشِها ما زال منتصباً في نهاية المعبد بقلنسوتهِ الهائلة والرداءِ الطويل والذراعينِ على مسندي العرش..

تلاقت رموشُ الملكِ الشاب عدة مراتٍ، وانتفض قلبُه بعنفٍ في صدرهِ وهو لا يكادُ يصدق عينيه:

- أقسمُ أن التمثالَ يتحرك، وأنني أسمعُ صوتَ تنفسٍ بشري..

ثم إن ذراع الربّة تحرك في العتمة ممتداً للأمام جهةَ الملكِ المرتعد بلفافةٍ كبيرةٍ من الجلد..

كادت ركبتا الملك أن تتداعيا في الظلام وعيناه معلقتان على الرأسِ المتوهج للربة الغاضبة، غير أنّه غطّى فمهُ بيده وتابع ترتيل صلواته حتى لا يشلّ الرعبُ قلبه..

بعـد أن تنـاول الملـكُ اللفافـةَ منحنيـاً خـرج متعرقـاً محمومـاً، وأراهـا للمستشـارين الذين ذُهلوا مما رأوا..

كانـت ربّـةُ العـدلِ قد أرسـلت لـه شـرائعَ السـماء مُفصّلةً كـي يحكم بهـا بين الناس..

***

حيـن قـرأ القضاةُ تلكَ الشـرائعَ رفعـوا الحواجبَ في ذهـولٍ وعدمِ رضا، وقد سـاءهم أن تحدّد الشرائعُ قواهم..

- العيـنُ بالعين والسـنُّ بالسـن؟ إذا فقـأ أحدُهم عينَ الآخـر فعليهم أن يفقؤوا عينه!..

- إذا ضـرب ولدٌ والـده فعلى القضاة أن يقطعوا يده..

- يُفتـرض في المُدَعَى عليه البـراءةُ حتى يُحضر المدّعِي الدليل!

- مـاذا؟.. يحقُّ للرقيق أيضـاً تملكُ الأموال والتجارة؟ يا للهول..

- يتسـاوى الميـراثُ بيـن الأبنـاء؟.. وكذلـك تحـدّد الآلهـةُ الأجـورَ التي تُمنحُ للعامل؟..

لقد بات للقضاة إلهٌ هو القاضي الإلهي مشـار..

ثـم أمـر الملـك بـأن تُنقـش الأحـكام علـى أربعيـن مسلةٍ تـوزع فـي البلاد.. أمر:

- وتُنصبُ المسلاتُ في جميعِ الميادينِ العامة، حتى لا يكون لأحدٍ عذرٌ في عدم قراءتها..

وهكذا تجمّـع الناسُ في الميادين العامة وقرؤوا:

- أنا خليلُ الآلهة.. وقد اختارتني شـبش لنشـرِ العـدل في البلاد وحمايةِ الضعيفِ من القوي وتحقيقِ المسـاواة..

وهكذا احتفلوا واستبشـروا إذ علموا أن لهم الآن نصيراً..

- لقـد باتَ لنا ناموسٌ يحمينا..

وقد سـخر بعضُ الكهنة قائلين:

- علام نشـرُ القوانيـنِ المكتوبة ومعظمُ الناسِ أميون لا يقرؤون؟

- حتـى يعلم النـاسُ أن لكلّ جرمٍ عقاباً فيرتدعوا..

وقـد حكـم الملـكُ الصالحُ دهـراً حتى طعن في السـن، وقد أسـمى ابنه "شمشـي إلونا" عرفاناً بالجميل للإلهـة التي اختارته من بين الآخرين..

وحيـن مات قدّسـهُ الناسُ إلهاً، وقد غدا في العالمِ السـفلي كمن سـبقه من الربّيين..

- لظلـك الهائـم في العالم السـفلي الرحمة والسلام يا مـن أهدانا الحقّ والإنصـافَ والعدالـة.. لـكَ كلُ التبجيـل يـا مـن كنت فـي حياتك قـوةَ الربّ ولسـانَه، وقد نسـخت الأجيالُ كلماتك.. وتناقلها الناسُ من بلدٍ إلى بلد.

السِفْرُ السادس

سِفْرُ الأساطير الأول

الملكُ الصالحُ قرت

الإله حورون

ابنة الشمس

1

أسطورة قِرت

لعنة الإله رشف

ويـلٌ للملكِ الصالحِ قِرت، والذي عاشَ زمناً طويلاً.

ويـلٌ لـهُ فقد انمحت عشـيرتهُ عـن وجهِ الأرض، وقـد انتهى أمـام عينيهِ جميعُ آلِ بيته..

كان إلهُ الطاعونِ والمرض "رشـف" قد توعّدهُ، بإصرارٍ وعيده..

وأدارت عنهم زوجته ددميش ربّةُ الشـفاء وجهها..ورفضت الكبشَ الذي قُدّم إليها..

وهكذا حملَ زوجُها المحاربُ الوسيم فارعُ القامة طويلُ الشعرِ "رشف" درعهُ، ورشـقَ بالسهامِ عائلة قِرت مرةً تلو الأخرى..

كان فـي قصـرِ قِـرت ثمانيـةُ إخـوةٍ هـو أكبرُهـم.. لكنّهـم ماتـوا جميعاً فانسحق قلبُه!

وهكـذا عـزم مولانـا على إنجـابِ وريـثٍ للعرش فاتّخـذ له زوجـةً لكنها كبرت وماتت..

وكذلكَ ماتت الثانية..

وأمـا الثالثـةُ ففـي عزّ شـبابها ماتت، وأما الرابعـةُ فقد ضربهـا الطاعونُ، والخامسـةُ اختطفها رشف دون رجعة..

والتهمت السادسـةَ صفحاتُ "يم" "إله البحر"..

وأما السـابعةُ فقد قُتلت بالرمح..

كان الإلـهُ العنيـد -ابـنُ إيـل- مثابـراً حتـى النهايـة إفنـاءِ عائلـةِ الملـك الصالـح، وقـد خافـهُ أهلُ إيـبلا العظيمـة أيّما خوفٍ وسـمّوا باسـمهِ إحدى بواباتِ مدينتهم..

***

من يعتنـي بالعجوزِ قرت؟ "بكى الملك"

ومـن للملـك إذ يـكاد يُسـلبُ منـه مُلكـهُ وقـواه؟ مـن يخلفـه ُإذ بلغت عائلتُه نقطةَ النهاية؟..

وهكـذا دخـلَ المسـحوقُ ألمـاً وحرقـةً مخدعـهُ وذرف دموعـاً سـخيةً من الويل..

انهمـرت الدمـوعُ المحرقةُ على سـريرهِ كقطع "الشـيكل" الفضية، ومن كثرة ما ناح سـقطَ في نومٍ عميق..

وفي أحلامهِ تبدّى له إيل أبو البشـر وخالقِ المخلوقات..

اقترب إيلاي الحنون من الملكِ الباكي وسـأل:

- مـا الـذي آلـم ابننـا قِـرت هكـذا حتـى أبـكاه وقـد بلـغ نحيبُـه بوّابةَ السـماء؟ اطلـب تُعـطَ يا بنيّ.. إن شـئت ملأتُ خزائنك ذهبـاً، وإن طلبت منحتـكَ حقولاً وخيولاً..

- ما حاجتي للفضّة يا أبتِ، وما حاجتي أنا الفاني إلى الخيولِ والعرباتِ والعبيـد فيما أرى سلالتي قد آلت إلى الانقراض؟..

لقد توعدني ابنكَ رشف وطاردني دهراً وها هو ذا ينفّذ مثابراً وعيدهُ.. فمن أين لي بشـنومٍ بارٍّ يرعاني مثلك؟

أجابه الأب :

- فلتغتسـل أيهـا الملـك وتتطهـر.. اغسـل ذراعيـك حتـى المرفقين ومرّ بأصابـعٍ مبتلةٍ على الوجه والجبين..

فلتحمّر خدّيك وتدخل خيمتكَ وبيدكَ اليمنى خروفُ الأضحية وثوراً وطيوراً..

فلتصبَ الخمرةَ في وعاءٍ من الفضة، والعسلَ في وعاءٍ من الذهب، واصعد إلى أعلى البرج رافعاً يديكَ إلى السماء مقدّماً الأضحية لأبيك إيل في السماوات.. ثم لتجمع جيشاً جراراً من عشراتِ الآلاف والنجباء بلا عدد.. حاملو الأسنّة لا حصر لهم بالآلاف ويخرج الخسيسون "العوام"... ليسيروا رتلاً ثنائياً... أطعمه من خبزِ حنطتك واسقهِ الخمر من جرارك..

لتحضر الفلاحَ والجنديَ والعجوزَ والشابَ الصغير وليمشوا أمامك كغيوم العاصفة، ويتّجهوا جنوباً بكثرة حبات المطر..

ليغلق العازب بيته وينضمّ لجيشك، المريضُ يحمل فراشه ويتبعُك، والأعمى يتعثّر مطارداً الجنود.. وأما العريس فليعطِ حبيبتهُ للغريب ويلحق بجيشك.

وكالجراد ليهاجموا مملكة أدوم المسقية.. أدوم الثرية..

أمام أسوارِ أدوم لا يتحركن أحد..

اضربوا حصاراً طويلاً دون رمي الرماحِ أو الحجارة على القلعة.

وحين يبعث ملكُها بابيل رسالةً يطلب فيها السلام ويعرض الفضّة والثيران أجبهُ:

- ما حاجتي أيّها الملك إلى المعدنِ الأبيض والمعدنِ الأصفر وخزائني مملوءةٌ بهما؟ بل أعطني ما ليس عندي يا بابيل.. بكرك الحسناء حوراي العذراء، المجيدة طيّبةُ الرائحة كالربّة عنات والجميلة كالربّة عشيرات، شعرها كاللازورد بمحجرينِ كالرخام وحاجبين كالمرمر، لأن ربي إيل أخبرني في منامي أنها ستكون وحدها أمّ سلالتي..

قل "بالحلم أتاني إيل... بالحلم أنبأني أبو البشر أن سيولد لي منها خلفٌ لكرت وغلامٌ لعبد إيل".

2

أسطورة قِرت

الصالحةُ حوراي

نهض الملكُ مذعوراً وقد أدرك أنّ ما رآه كان رؤيا ورسالةً من الربّ إيل وهكذا ضرّج قِرت خدّيه بالأحمر واغتسلَ إلى المرفقين، ثم اختارَ أفضل الخبزِ والخمرِ والطيور، وضحّى بها للربِّ إيل من أعلى البرج..

وبعد أن أطعمَ مدينتَهُ كلّها احتشد الناسُ، ومنهم جمعَ جيشاً جراراً.

ثم سار الجيشُ جنوباً...

بعد شروق اليوم الثالث وصل إلى قدش "معبد" عشيرات، وعند قدسها نذر نذراً:

" إذا تزوّج حوراي وأنجبَ منها فسيهب معبدَ الربّة ضعفَ مهر العروس فضةً، وثلاثة أضعاف مهرها ذهباً"

عند شروق اليوم السابع وصل إلى مدينةِ آدوم الكبيرةِ الثرية.

***

أمام أدوم المسقية الثرية رابطَ جيشُه الجرار..

أمام الجيش ركضتِ النسوةُ عائداتٍ من الحقول حاملاتٍ الخشب.

وجرت حسناواتُ أدوم حاملاتٍ السنابل من حقولِ الحنطة وأوعيةِ الماء من النبع..

طيلـةَ سـبعة أيـام لم يقـدر ملـكُ إدوم بابيل علـى النوم، إذ لـم تتوقّف ثيرانُـه عـن الضجيج ولا حميرُهم عن النهيـق ولا كلابُ الصيدِ عن النّباح أمام الحشـودِ الجرّارة، حتى سألتهُ زوجته عما هو فاعل..

حيـن بعث رسـلهُ بعرضِ السلام ردّدوا أمام كلمـاتِ الثّور إيل ذاتِها في الحلـم، وعرضوا عليه الهدايا ذاتهـا فضحك الملكُ قِرت معلناً:

- لقـد وعدنـي سـيّدي إيـل ببكرِكـم الحسـناء حـوراي ذاتِ الجفنيـن كأوعيةِ العقيق..

هنـا تسـاءل المبعوثـونَ في اسـتغرابٍ عما إن كان قِـرت قد رأى حوراي إذ بدقة..

ثم اضطرّ الملكُ بابيل للقبولِ بالزيجة الملكية، وأرسل مبعوثيهِ ليرافقوا الحسناءَ إلى عريسها..

كان الرّسـلُ والخدمُ ينوحون ويبكون لفراقِها قائلين:

- اليـوم تأخـذ منّـا أيهـا الملـكُ قِـرت أميرتَنـا المحسـنةَ الكريمـة والتـي أطعمتِ الجائع وسـقت العطشـى.. فكمـا تئنُّ البقرة لفـراق عجلها ويزعق الجنـودُ عنـد فراقَهـم أمّهاتهـم كذلـك يتحسـر شـعبُ أودوم لفـراقِ ابنتهم الحبيبـة الراحلةِ اليوم إلى الأرضِ الغريبة..

***

أقـام الملـكُ قـرت فـي قصـرهِ بأوغاريت وليمـةً كبرى دعـا إليهـا جميعَ الأرباب، ووزّع فيهـا الهدايا على أهلِ المدينة..

بعـد أن تأخّـر المدعـوون حضر أخيـراً إلـى المأدبة ربّ السـماوات إيل ومعهُ زوجتُه رحم، وكذلك سـيّدُ الأرضِ بعل وكوثار الصانعُ الماهر..

ثـم دخـل الربّ رشـف بقامتهِ الهائلـةِ النحيلـة وكتفيـهِ العريضين حاملاً رمحهُ المخيف فوق رأسه..

فارتعـدت لقدومهِ فرائص ُالحضور فزعاً..

لكـنّ رشـف ربّ تونيـب وشيشـيم سُـرَّ بالوليمـةِ حقـاً، وأرضتـهُ الهدايـا النفيسة فابتسـمَ وجهُهُ ذو اللحيةِ المدببة..

ثم هدر صوتُ بعلٍ الأعظم ابن داغون مخاطباً إلهَ السـماوات:

- هلّا باركتَ يا إيـل نبيلنا قِرت وَخَلَّدت مجدهُ؟..

هنـا تنـاول إيل بيدهِ اليسـرى كأسَ النبيذ، وباليمنى وعـاءً به ماء ليبارك خادمهُ النبيل:

- أباركك اليوم يا خادمَ إيل وقد سامحك ابني رشف فاتحُ بواباتِ العالمِ السـفليِّ للشمس وقد هدأ اليوم كبدُه.

الزوجةُ الحسـناء التي تدخل قصركَ اليوم ستحمل لكَ ثمانية أبناءٍ ذكور تسمي أكبرهم ياصِب..

وياصِـب هـذا سـيرضعُ الحليبَ من ثدي عشـيرات وعنات، شـأنهِ شـأنَ جميعِ الآلهة..

هنا بكى قِرت من فرطِ تأثّره.. ثم سـمع أبو البشـر يقول:

- وسط ظلالِ العالم السفلي يا قِرت يتجمّع اليوم أجدادُك وحكامُ بلدك السـابقون ليمجّدوا اسمك إذ حفظتَ لهم السلالة..

ثم إن عروسـك سـتنجب بعد الأبنـاءِ الذكور الثمانية كذلـك ثماني بناتٍ إنـاث يكـونُ لأصغرِ ابنـةٍ منهنّ جميـع ُحقوق البكـر، ويكونُ اسـمُ الصغرى "تتمانـات" -الثامنة-وهي البنتُ التي سـتبكيك وتندبك.

وهكذا أكل الأربابُ وشربوا طيلة الليل، ثم مضوا عائدينَ إلى السماوات تاركين قـرت ممتنّاً عاجزاً عن التصديق..

لقـد ابتسـمت لـهُ الأقـدار ثانيـةً، وسـيكونُ لـهُ سـتّةَ عشـرَ ابنـاً وابنة!.. وبضحكـةٍ عريضـةٍ دخـل قِرت إلى عروسـهِ ليخبرها عن كل مـا قيل له على مأدبةِ الأرباب..

3

حكاية قِرت

المعصية

ومرت ثمانيةُ أعوامٍ كالحُلم السعيد..

ظل قِرت يحكم بين الناسِ بالعدل، وأما الملكةُ حوراي ابنةُ بابيل فقد عُدّت من بينِ نساء الربّ الصالحات إذ أطعمت كعهدِها دائماً الجائعَ وكَسَت الفقير..

وخلال هذه الأعوام أنجبت لزوجها عدداً لا يصدق من الفتيةِ والفتياتِ "التوائم".

وكان اسمُ أكبرِ الأبناءِ والبنات الأميرُ ياصِب وليُّ العهد،

وأما أحبُّ إلى قلبه فكانت أصغرُ الأميرات واسمُها تتمانات..

وقد راقبت الآلهةُ بسرورٍ ابنَها الصالحَ وخادمها يحقّق كل آمالهِ والهناءُ يسكن في قلبه ومملكته..

ما عدا إلَهةً واحدةً هي عشيراتُ الغاضبة..

كانت عشيرات "أثره = أثيره" تراقبُ بنفاذِ صبرٍ، وتترقّب أن يفي الملك قِرت بنذرهِ لها والذي قطعهُ في سني بؤسه ويأسه بأن يدفعَ ضعفَ وزنِ حوراي فضةً وضعفيه ذهباً..

لكنّ الملكَ الصالح وفي غمرةِ هنائهِ وسروره نسيَ أن يفعل..

لقـد ارتكـب رجـلُ اللـه إذاً دون أن ينتبـه معصيـةً كبـرى، إذ لم يوفِ نذرهُ للآلهة!..

***

جلسـت الربّـة علـى شـاطئِ البحـرِ عاقـدةً جبينهـا مـع ابنتِهـا دمغاي وإلهِ الصيادين،

وخاطبت صيّادَها "قدشو":

- طيلـةَ هـذه الأعوام جلسـتُ هنا، وانتظرتُ يوماً بعـد يوم أن يفي ذلكَ الابـنُ العاق بوعدهِ الذي قطعهُ يوماً لإيلات..

- ربما نسيَ الملكُ وعدهُ يا سيدتي.. تعلمين أن قِرت لا يقصدُ العقوق.

- ما هكذا يعاملُ البشـرُ آلهتهـم!.. مهما كبروا وعَلَت مكانتُهم..

حاول قدشـو الطيب تسويةَ الأمر:

- فلأبعـث لهُ يا مولاتي من يذكّرهُ بنذرِه..

- إيّاكَ أن تفعل يا صاحب الشـبكة..(صاحت).. لسـتُ أنا من يتسـول ما هـو حقٌ لي، وما نَذَرَ فـي معبدي في لحظةِ صراعه وحاجته..

- فمـا أنتِ فاعلةٌ يا أمّ الآلهة؟..

- لقـد نفـذ صبري وانتهى الأمر، وإذاً فقد آن أوانُ الانتقام..

4

حكاية قِرت

قِرت مريضاً..

ومـن حيـثُ لا يـدري ضـربَ الملكَ قِـرت مرضٌ شـديدٌ عضـالٌ أقعدهُ في سريره..

وسـط هنائهِ الذي خالهُ نعيماً أبديـاً داهمهُ ذلك المرضُ الغريب والذي لم يفلـح جميعُ الكهنةِ والأطباءِ في علاجه..

زاره ابنـه إيلحو باكياً مرتجفاً..

خاطب الرجلُ المريضُ ابنهُ:

- يـا بنـيّ لا تبـكِ.. وإيّاكَ أن تتـأوّه لأجلي.. جفّف مآقيـكَ من الدمع.. وحيـن يأتـي الوقـتُ نـادِ أختـكَ تتمانـات، البنـتُ الحنونـة.. هـي التـي سـتبكيني وتندبني.

صاح الملكُ يائسـاً لزوجتهِ حوراي وقال:

- فلتذبحي أيّتها الفاضلةُ أسـمنَ عجولي، ولتفتحي أجودَ ما في المملكةِ مـن جـرارِ الخمور المعتّقة، ولندعُ نبلاءَ المملكةِ السـبعين إلى مأدبةٍ كبرى على شرف الآلهة..

وهكـذا اختارت حوراي أفضلَ الخرافِ والعجول "وعشـرة ثيرانٍ ذبحت" ودعت نـبلاءَ المدينةِ الذينَ دخلوا قاعة العرش،

تضع يمناها فوقَ الطبق، وبالسـكّين تقطع لهمُ الذبائحَ الشـهية..

- لقـد دعوتُكـم اليـومَ يـا أحبّائـي كي تأكلـوا وتشـربوا وتصلّوا لسـيّدكم الجليل قِرت..

وهكـذا صلّـى أبنـاءُ المدينةِ بأثريائها وفقرائِها لصحةِ الملـكِ المريض، وقـدّم النـبلاءُ بدورهم الأضحيات في جميعِ المعابد بلا اسـتثناءٍ كي يسـتردّ الملكُ صحته..

ولكن دونَ فائدة..

كان الملكُ يسـيرُ كلَ يومٍ من سـيءٍ إلى أسوأ ويزدادُ نُحولاً وهُزالاً..

***

وهكذا أعادت البائسةُ حوراي الكرّةَ مراراً، ودعت أعيانَ البلدِ إلى أفخمِ وليمةٍ رأوها..

هكـذا خاطبتهم وهي تقطـعُ اللّحمَ بينما هم مطرقون:

- لقـد دعوتُكـم اليومَ يا أحبّائي كـي تبكوا وتنوحوا بكاءكـم على الميت الموشك على مغادرتِكم..

فلتصيحـوا اليـومَ كالثيـرانِ الجريحة، فملكُكم موشـكٌ على الوصول إلى مملكةِ غروب الشـمس حيثُ بوابةُ العالمِ السفلي..

سـيّدُنا الحبيب يكاد يدخل بقدميهِ عتبةَ الظلام..

مسـحَ النبلاءُ دموعَهم في صمتٍ:

- وإن حـدث مـا أتوقّعـهُ أيّها السـادة أصبحَ أكبـرُ أبنائي "ياصِـب" ملكاً عليكـم، وهو ما زال صغيراً..

نـاح النبلاءُ وبكوا وصلّوا طيلـة الليل كي يرحم إيل خادمَهُ الصالح..

ثـم جمعت حوراي أبناءَهـا الكثر حول أبيهم في مخدعه.

حـولَ الأبِ الغائـبِ عن الوعي تعالى صوتُ الأبنـاء المحبّين حتى بلغت حسراتُهم كبدَ السماء..

5

حكاية قِرت

نصف الإله..

ثم تسلل بعضُ أبنائه الذكور إلى مخدعه ليلاً وراحوا يبكون في يأس..

قال أحدهم:

- كالكلابِ الوفية نزحف حول سريرك يا أبتِ.. هل يتحوّل مخدعك إذاً إلى دارِ عزاءِ الرجل المسن؟.. هل يتحوّل قصرك السعيدُ أبداً إلى بيتٍ أزليٍ للنائحات..

أجابهُ أحد الأشقاء:

- صخورُ قصرِ بعل ستبكيكَ يا أبي.. وجبلِ صفّون البعيد يرتجُّ لأنباءِ مرضكَ المفاجئ..

لقد سعدنا في بيتك أيّها النبي..

يا من تناولتَ طعامكَ مع الأرباب..

وقد نمونا وكبرنا بعد أن قيل لنا أنّ أبانا لا شكّ خالدٌ في هذه الحياة، بل ونصفُ إله..

هنا تكلّم الأخُ الثالثُ بجرأة:

- أجبنا يا نصفَ الإله.. لقد قيل لنا في المدينةِ أنكَ ابنُ الإله الأعلى إيل من الحسناء ياطيبات، وهكذا ظنّ الجميعُ إذاً أن قِرت نصفَ إله.. لكنّ الآلهة خالدةٌ لا تموت!..

هنا راح الابنُ الأول يهزُّ كتفي المريضِ صائحاً:

- كيـف يموتُ نصـفُ الإله؟.. وإن متّ اليوم أيها الأب، فأنتَ إذاً لسـت ابناً لإيل كمـا قيل لنا!..هل يا تُرى خُدِعنا؟

هنـا فتـح المريـضُ عينيـهِ مـن صيـاحِ الأشـقّاء الثلاثـة، وهمـس بصـوتٍ ضعيف:

- لا تنوحـوا يـا أبنائـي، ولا تتـورّم أجفانُكـم مـن النـواحِ علـى أبيكم، ولا تشـغلوا أنفسـكم بمصيـري.. وعوضاً عن ذلـك أحضروا أصغـرَ وأحبَ بناتي تتمانـات الحنونة، والتي تحبنـي كما لم يحبني مخلوقٌ آخر..

فتـح الأبناءُ أعينَهم مذهولين مـن يقظةِ المريضِ المفاجئة..

عـاد الأبُ المريض ليهمس:

- ولتأخـذ الرحيمـةُ أسـاها إلـى الحقـول، ولتسـمع الـتلالُ صياحَهـا ونواحَهـا الحبيب..

- سمعاً وطاعة.. سـنوقظ من فورِنا أختَنا الصغيرة..

- لا تخيفوهـا ولا تخبروها بقـربِ موتي، بل أخبروها أنني مقدّمٌ أضحيةً ومقيـمٌ وليمـةً للأربـاب، وأنّ عليهـا المسـاعدةَ كابنـةٍ صالحـة.. وانتظروهـا هناك على عتبةِ الباب..

وأما أنت يا بني "إيلحو" فلا تُفرغ لأجلي دموعَ مقلتيك، بل أقم صلاتكَ وطقوسـكَ عندَ بوابةِ القصر من أجل روحي..

6

حكاية قِرت..

إيلحو وتتمانَات..

ما إن أظلم وجهُ السيّدة شبش وصحا المنجلُ ياريخ مضـيءُ النجمات مـن نومـهِ حتى ذهب "إيلحو" المحـبُّ لأبيه حاملاً رمحهُ إلـى بوّابةِ القصر حيـثَ لم يكن ثمّة غيرُه..

وفـي الـظلام انتظـر حتـى الفجـر، ثـم راح يقيـمُ الصلـواتِ والتـوسّلات للأرباب لشـفاءِ الملكِ نصفِ الإله..

وإذ سـمع صوتـاً سـحب مذعوراً سـيفَهُ من غمـده، لكنه فوجـئَ بوجودِ أختهِ تتمانات والتي اعتادت الاسـتيقاظَ باكراً لسـحبِ الماء من البئر..

وحتى لا تميزهُ أشـاحَ بوجههِ عنها ناحية البوابة..

تعرّفـت الابنـةُ الصالحـةُ علـى أخيها الأكبرِ المتّشـح، ورمـت على الأرض جـرة الماء وصاحت به مذعورةً:

- هل أبوك إذاً يا أخي شـديدُ المرض؟.. أنتَ تقيم في العراء صلاةً لروحِ المريض ممسـكاً حربتكَ ومشيراً إلى عنقك..

- كلا يـا أختاه.. بل أبـوكِ يدعونا جميعاً إلى مأدُبةٍ كبرى..

- فلتتوقّـف يـا أخـي عـن إلهائـي وخداعـي، ولتخبرني بالصـدق.. كيف أخفيت عني الحقيقة؟..

هنا يضطرُّ الفارسُ إيلحو للمكاشـفة:

- مـن ثلاثـةِ أشـهرٍ يا أختاه بل من أربعة أشـهر لم يتحسـن أبونا شـعرةً، عكـس ما أخبرنـاكِ.. بالصدق أخبركِ إن نصفَ الإلهِ يحتضر، وهو اليومَ على فراش الموت..

هنا تشـهق تتمانات العطوفـة مغطّيةً فمها بيديها..

ثم تسـتمع إلى تعليمات البطل:

- فلتنهضي كل صباحٍ أيّتها الصالحة الشفوقة، ولتحضّري لأبيكِ قبراً كبيراً في مدخلهِ عدّةُ حجراتٍ للاسـتقبال وله سـقفٌ مرتفعٌ فسيح..

هنا كادَ نحيبُ الابنةِ يبلغ السـماوات.

لكنهـا عضت على شـفتيها، وراحت تنفّذ كل ما أُمرَت به..

ثـم تسـلّلت كل ليلةٍ إلـى مخدعِ أبيها ممسـكةً بيديه، ولتـذرف الدموع َالسخية على فراشه..

وحيـن تعجز الشـفوقةُ عـن المكابرة تأخذ الرحيمةُ أسـاها إلى الحقول، ثم لتسـمعِ التلالُ نواحها الكئيب..

7

حكاية قِرت..

ابتهالات والشفاء..

طيلـة مرضِ رجـلِ الربّ كانَ هطـولُ المطرِ قـد توقّفَ تماماً، وتشـقّقت الأرضُ منَ العطش.. وهكذا ماتت سـنابلُ القمح ونَدَر الخبزُ والخمر، وبكى المزارعون من الهلع..

وهكـذا جمع الابنُ الأكبر "ياصب" والحاكمُ الفعلي جميعَ إخوته ومنهم إيلحو وتتمانات..

- إنّ علينا يا أشـقّائي التماسَ المطر من سـيّدِ السماء والأرض..

أجابه إيلحو:

- لنرسـل إذاً الرسلَ إلى جبلِ صفّون..

قربَ قمّةِ الجبلِ المقدّس صبَّ الرسل في طقسِ الاستسقاء جرارَ الزيت فـوقَ التربةِ الجافة، وصلّوا لـربّ الأعالي مقدّمينَ له القرابين..

وقد شاركَ في الطقسِ رسولا بعل "جبن" و"أوغار"، على الجبل الجموعَ المتطلّعـةَ إلى بيتِ بعل طالبةً العون.

مـن رسـوليهِ سـمع ربّ الغيـوم بعـل بمـرضِ الرجـل الصالـح كِـرت فسـألَ رسوليه:

- كيف لم أعلم؟..

وفـي لحظةٍ رفعَ المزارعون عيونَهم للسـماء، ورأوا غيومهـا تتلبّد فجأةً.. ثم هلَّ المطرُ مدراراً..

صاح حُرّاث الأرضِ من البهجة إذ رأوا فرحَ الحنطة بهطولِ المطر مدراراً، وعلى الأرض سـالت السيولُ السخية..

***

ثـم أنبـأ بعـلُ إيل بمـرضِ الملـك الصالـح، ففتح العجـوز الحكيـم عينيه وفمه قائلاً:

- فلنستدعِ يا بنيّ خادمنا ووصيفنا ""، وليدعُ "" زوجته وصيفةَ الربات.

وليصعـد كلاهُمـا في مجمعِ الآلهة إلى أعلى البرج، وليصيحا من متراسِ البرجِ على الآلهةِ السـبعة والسـبعين طلباً للمساعدة..

وتنفيذاً لأوامرِ والد البشـر صعد بشيرُ إيل و رسولهُ إيليش ومعه زوجتهُ وصيفـةُ الأرباب إلى أعلى البرج

زعق وزوجتُه فوقَ البرج وسـطَ السماواتِ زعقةً مرعبة:

- من يطرد أيُّها الأرباب مرض الصالح كِرت؟.. من منكم يقدر أن يمسـحَ عنه طاعونه؟..

انتظـر الوصيفـان ومعهم إيل إجابةَ أحد الآلهة، ولكن دون جدوى..

كان الأربابُ يخشـون غضبَ عشيرات المدمر..

ثم عادت الصيحاتُ السـماوية تزلزلُ الفضاء..

ثانياً وثالثاً ورابعاً.. ثم خامسـاً وسادسـاً وسابعاً.. ولكن دون مجيب!

وهكـذا دخـلَ "" محمـرَّ الوجهِ على إيل ومعـه زوجتهُ كسـيرةً مهمومةً، وراح الاثنان يعتذران..

هنا علا صـوتُ العجوزِ مخاطباً أبناءه الآلهة:

- فلتجلسـوا يـا أبنائي على عـروش ممالككم.. أبوكم المريض سيسـتوي ثانيةً على عرشـه ويصنع بنفسـه تعويذةً تعينُ ابنه المريض..

8

حكاية قِرت..

"شَتَقَات" شيطانة الصحة..

وهكذا اعتلى أبُ الأرباب عرشـه، وأمسـك بيمناهُ قدحاً وبيسراهُ إبريقاً، وملأ بهما طيناً طرياً..

وبيديهِ المباركتين اللتينِ بدأتا كلَّ شيءٍ،خلقَ من الطينِ شيطانةً صغيرةً بجناحينِ كبيرين..

ثـم إنه نَفَخَ فيها روحاً وقال:

- أدعـوكِ أيّتهـا الصغيرةُ "شَـتَقَات".. فلتفتحي عينيكِ ولتـملأكِ الحياة يا طاردةَ المرض..

كذلـك فعلت المرأةُ المجنحة..

فتحت الصغيرةُ عينيها وسـمعت أباها يأمرها:

- فلتطيـري سـراً إلـى المدينـة يا شـتقات.. وفـي الليل رفرفـي بجناحيكِ فوق سريرِ الرجلِ المريض..

ثم لتلمسـي بعصاكِ جبينَهُ، وهكذا حتى يفرَّ المرضُ من صدغيه ويسيلَ من رأسهِ الطاعون..

- سمعاً وطاعة..

أجابتهُ الشيطانةُ الصغيرة..

- ثـم أَجلسـي المريضَ واغسـليه، ومن تعرّقـه نظفيه... تمتمـي "لتتبدد أيّهـا الموت"، ولتصبحي يا شـتقات منتصرةً على المرض..

أومأت الشيطانةُ الصغيرةُ برأسها، ثم رفرفت بجناحيها الكبيرين مغادرةً قصرَ إيل..

***

حين دخلت شتقات مخدعَ الرجلِ المحتضر وسمعت كل النواح ورأت الوجوهَ الحزينة راحت تبكي من التأثّر..

وفوقَ سريرِ الرجل المريض فعلت الصغيرةُ كما أُمِرَت..

وبعينيها رأت الطاعونَ ينسلُّ خارجاً كالأفعى من جبينِ الملك..

ثم إنها غمرت الملكَ في الماء حتى أزالت عنهُ الأدرانَ وتعرّقَ المرض.

خارج المخدع كانت الملكةُ حوراي تنوح، غير إنها سمعت صوتاً قوياً قادماً من مخدعِ زوجها:

- فلتذبحي يا زوجتي لي خروفاً وعجلاً فأنا جائع..

اتّسعت عينا المرأةِ المنكوبة وصاحت على أبنائِها بلهفة:

- أبوكم يطلبُ الطعامَ يا أبنائي! أهذا حلمٌ أم حقيقة؟..

ثم أسرعت لتحضيرِ الطعام..

لم ينتبه الملك وهو يجلس إلى المخلوقِ الصغير ذي الأجنحةِ الكبيرة والذي طارَ بهدوءٍ من النافذة..

هنا دخلُ الخدمُ مهرولين ومعهم خروفٌ مشوي.

ولدهشةِ الجميع التهمهُ الملك بسرعة.. كان الرجلُ شديدَ الجوع والنهم..

ثم أحضرت حوراي عجلاً لزوجها، فالتهمه العليلُ الذي كان قد اعتلى وحدهُ المنصة..

- لقد كُسِرت اللعنةُ وهُزِم المرض!

"صاحت المرأةُ في ذهولٍ غير مصدقة".

9

حكاية قِرت

الغاصب "ياصِب"

كان ياصِب جالساً على العرش باسماً منتفخ الصدرِ وقد امتلأ فخراً وصلفاً..

لقد اغتصبَ الشابُ عرشَ أبيهِ دون حقٍ، إذ لم يمتِ الملكُ بعد..

فتح مغتصبُ العرشِ عينيه في ذهولٍ وذعر حين أبصر والده كِرت مُقبلاً عليه بخطواتٍ عريضة..

كان الأبُ متوردَ الخدين، وقد طردَ عنه المرضَ بلا رجعة..

خاطبَ الأبُ ابنه:

- فلتنهض يا بنيّ حالاً عن العرش.. لقد أقبل سيّدُ العرش ليجلسَ على كرسي حكمه..

هنا احمرّ وجهُ ياصب واحتقنت عروقُ عنقه وهو يتنحنح غير عالمٍ كيفَ يجيب..

مدَ الأبُ يدهُ إلى ابنه، غير أنّ الأخير دفعَ عنهُ يدَ أبيه وصاحَ به معاتباً

- أتعلم ما حلَّ في غيابكَ يا أبتِ؟..

- كلا يا بني..

- لقد أغارَ على المملكةِ قطّاعُ الطرق.. تسلطَ الأغنياءُ وتضوّرَ الفقراءُ جوعاً..

- ولكن..

- منـذ زمـنٍ لـم تجلس علـى العرش لتعطـي الأرملـةَ حقّهـا وتحكُم بين المتخاصميـن.. لقد أدرتَ وجهكَ عـن المظالم ولم تطعم اليتيم..

بـدون الحاكم يا سـيّدي يتمزق نسـيجُ المجتمع وينهـارُ البيت وتنقطع قناةُ البركة الممتدة كنهرٍ من السـماوات..

- وأمّـا الآن يـا ياصـب فقـد أعادتنـي الآلهةُ لآخـذ حقي، وأطعـم ثانيةً الفقيرَ واليتيم..

- كيـف وقد أدرت عنهم وجهك دهراً؟..

ما أسـقطكَ عن عرشـكَ هو مرضُك وعلتُك وليس ياصب..

فلتنزل إذاً عن عرشكَ لابنك الأكبر.. أنتَ يا من اتخذتَ الطاعونَ زوجةً، وشاركك المرضُ فراشكَ زمناً..

- بـأي حـقٍ أيهـا الغـادر تأمـر والـدكَ الـذي أعطـاكَ الحيـاة بـأن يسـلّمكَ حكمَهُ؟..

راح الأبُ يرتعـد من الغضب ثم قال:

- هـذا هو العقوقُ بعينه..

أجابه الغاصبُ بصلفٍ:

- من أيها الشـيخ أهمل نذره للآلهة وتناسى وعوده؟..

من بكسلِه وتهاونِه عَرّض حياةَ المخلوقاتِ والعالمِ للخطر، حتى جفّت الأرضُ وتضوّر الناسُ جوعاً؟..

لذلك كلِّـه يجلس اليومَ "ياصب" ملكاً..

10

الإله حورون (1)

في مخدعهِ بكـى الأبُ المظلوم والملكُ المخدوع..

حدّق عبر النافذةِ في السماء بمرارةٍ وهو غير فاهمٍ ما حلّ بهِ وبمُلكهِ.

ثم إنه ناجى في سـرّهِ الأربابَ قائلاً:

- لقـد نلـتُ الأربـاب قصاصـي العادل.. أنا الـذي نكثتُ عهـودي للآلهة وأخلفتُ وعدي ونسـيتُ نذري.. إنها المعصيةُ بعينها..

وهكـذا ليلةً بعد ليلة، ناجى الملكُ المخلوعُ السـماواتِ والآلهة..

وهكـذا حتى بلغت تأوّهاتُه أسـماعَ عشـيرات الأم الأولـى والتي بغضت العقوق فقالت:

- لا بأس يا ابنَ ضرّتي المظلوم.. غداً أُرسـل لكَ ابني الإلهَ حورون..

كان حـورون هذا إلهَ الرعاةِ وحامي القطيع..

وقـد خطـا حـورون خطـواتٍ هائلـة حـاملاً بيـدهِ عصـا ثخينة يطـرد بها الوحـوش مبعداً إياهاً عن الخراف..

وكان السـوريون قد حملوه إلى مصر من زمـنٍ بعيدٍ حتى عبده أهلها..

- لِتَطِـرْ أيهـا الصقـر إلـى الملـكِ دامـع العينيـن، ولتسـاعد يا ابـنَ دجن الحاكمَ المخلوع..

***

وسـط السـماء المظلمـة تبدّى للملـكِ المخلـوع عبر النافـذة صقرٌ حادُ المنقـار عرفه كِرت من فوره..

وراح يخاطب إلهه وأخاهُ غير الشـقيق:

- فلتضـرب أيها الراعي الأكبـر بعصاكَ رأسَ اللص، ولتؤدّب الابنَ العاق..

لتُرجعْ يا حورون إليّ حقي، وقد أرسـلتك أمّكَ لي..

ولتعلّـم كلّ مغتصبٍ أيها الراعـي فضيلةَ التواضعِ والصبر..

وهكذا رأى ياصِب الجالسُ على عرشـهِ ذات ليلةٍ أمامه عملاقاً هائلاً هو حورون وبيدهِ عصا مرعبة..

وبضربةٍ واحدةٍ على رأسـهِ كُسِـرَتْ جمجمته وسالت منها الدماء.

خر يَاصبْ صريعاً على عتبةِ العرش الذي من أبيه سـرق..

وهكـذا عاد العـرشُ لصاحبه الشـرعي، واحتفلـت المملكةُ أياماً وليالي بـزوالِ الكابوس وعودةِ العدلِ للأرض والحقِّ إلى نصابه..

11

أسطورةُ الإلهِ حورون (2)
والفرس ابنة الشمس

في مجمعِ الآلهـة دارت حياةُ الأربابِ اليومية كعادتها..

راح الآلهـة يسـتمعونَ بآذانهـم الحادّة إلـى أصواتِ العبّـاد وابتهالاتِهم، ويتداولونها فيما بينهم..

ثـم إنهـم راحـوا يسـتعرضونَ أعطيـاتِ المؤمنيـن لهـم فـي المعابـد، ويتنافسـون على من نالَ أفضلَ الهبات..

أولاً التمسـت أمٌ بائسـةٌ جميـع الآلهـة لشـفاء طفلِهـا المريض ملتمسـةً لأرواحِ الموتى أن تطردَ عنهُ الشـياطينَ الشريرة...

وثانياً ظهرت في معبدِ عشيرات فتاةٌ شديدةُ الشحوبِ مريضةٌ بالطمث، وراحت ترجو الأمَّ الكبرى وياريخ وجميعِ المخلوقات المقدسة القابعة بين الأربـابِ والبشـر أن تقوّيها وتأخذَ بيدها... ثـم هرولت داخل المجمع فرسٌ بيضاءٌ رائعـةُ الجمال لاهثةً من اللهفةِ والجزع:

- أمُّ الفحـول وابنـةُ الشـمسِ تناديكـم.. ألتمـسُ لأمّـي شـبش أن تحمـل توسّـلي لإيل عند منبـعِ النهرين وملتقى المحيطات..

هنـا انتبهـت جميـعُ الآلهـةِ للهفـةِ الصـوت المسـتغيث وجمـالِ الفرسِ البيضاء..

***

- ابنتـكِ التـي تجُرُ عربتكِ عبر السـماوات تتوسّـل إليكِ..(ابتهلت الفرسُ البيضاء) لتحملي يا شـمش ابتهالي لإيل كي يُنقذَ مُهرتي الصغيرة من لدغةِ الأفعى ويشـفيها من السمّ الزعاف..

إرمٍ يـا إلهـي الأفعـى خـارجَ مرجـي، ولتمسـح سُـمّها الجـاري مـن عروقِ ابنتي..

لكـن إيـل يقعـد على عرشـهِ في حيـرةٍ دون جـواب، إذ لم يعـرف كيف يمكن شفاءُ سمٍّ الأفعى..

ثـم يرتفع صوتُ الفرسِ ثانيةً:

- ابتهلـي يـا أمـاه للـربّ ربّ مدينـة توتول كي يسـحقَ الأفعـى الغادرةَ ويمحو سمّها..

هـل تسـمعينَ يا شـمش رجاءَ مـن تقودُ عربتـكِ في أقطار السـماء؟.. وإلى رشـف تسـلّمها عند المغيب لتعبر في رحلتِها العالم السـفلي حيث يحكم غَتَر...

لكن الربّ المعني بالرجاء يجلس في تحفزٍ وصمتٍ على كرسـي عرشـه في توتول الفراتية..

هنـا تعـاود الفرسُ صلاتها للربّ رشـف في مدينة إيبلا، ثم لعشـيرات فـي مـاري ثـم للـربّ كوثـار خسـيس وهكـذا إحـدى عشـرةَ مـرةً تبتهـل لجميـعِ الآلهة..

كلُّ مـرةٍ تعيدُ الكلماتِ نفسـها وتذرفُ الدموعَ الحارة ذاتها..

- فلتسمع أيها الربّ حورون ابتهالَ الفرس التي فقدت كلّ أبنائها واحداً بعد الآخر من لدغاتِ الأفعى الغادرة الزاحفة والمتسـللة بين الشـقوق..

ما نهاية هذا العذاب؟..

كان الراعي قد انتظرَ طويلاً قبل أن تسـألَ الفرسُ معونته..

هنا احمرّ وجههُ من الغضب وصاحَ شـافي الأمراضِ بوجهٍ ملتوٍ:

- أمـنَ العدلِ إذاً أن تُحرمَ الفرسُ القويـةُ والجميلة من ذُريّتها هكذا؟..

ثم إنه سحبَ من بين الأشجار نباتَ الطرفاء وساقَ القصب، ثم مسحَ به طويلاً على ساقِ المهرةِ الجريحة..

ومـن جلدهـا المثقـوب سـال أخيـراً السـمُّ خارجـاً كالسـيل ليغـورَ في أعماقِ الأرض..

هنـا صاحَ الأربابُ معجبين بمهارةِ الشافي البارع بالتعويذاتِ والرقى : "لقد تبخّر السـمُّ وتحطّم المرض"..

12

أسطورة الإلهِ حورون (3)

والفرس ابنة الشمس..

كان الراعي ابنُ عشيرات ودجن هائماً على وجههِ في أرجاءِ الأرض دون قصرٍ ولا مملكة..

الإلهُ الشافي العادل الذي أعاد لقِرت عرشهُ هائمٌ على وجههِ دون قصرٍ بعيداً عن إخوته..

وهو يطيرُ كالصقر إلى حيثُ يُرادُ طرد الأرواحِ الشريرة، وبعينين حادّتين كعيني الصقر يبصر جوهرَ العلّة..

بعد أن غابت الفرسُ الجميلةُ عن ناظريه لم تغب يوماً عن خيالهِ..

ولم يقدر الراعي المحب على نسيانِ صوتِها الناعمِ الدافئ..

استجمع الراعي الصالح شجاعته وخطا يوماً إلى دارةِ الفرس حاملاً عصاه وقد أضاء وجهُه بنورِ الفخرِ والحبّ الشريف:

- افتحي بابَ البيت أيّتها الفرس كي يدخل حورون عليكِ..(صاح بصوته العريض)

***

انتبهت الفرسُ الحسناء للصياحِ القادمِ من خلف البوابة...

كانت الحسناءُ الآن تعيشُ في نعيمِ الأمن، وقد اختفت من أرضِها الثعابين فزالَ عنها جحيمُ الخوف..

- أهـو حـورون ابـنُ عشـيرات مـن يدقّ بـاب قصـري بعصاه فـي مدينةِ الشروق؟..

- نعم هو الشـافي يا ابنةَ الشمس..

- ومـا يبغي الراعي من الفرس؟..

- إنـه يريـدُ قصـركِ مسـكناً له والحسـناءَ لـه زوجة..وليس للـربّ الراعي قصرٌ ولا قرينة!

- لا تدخـل عليّ حتّى تعطيني مهري..

- وما مهرُ ابنةِ الشـمس؟

- مهـري هـو جميـعُ أفاعـي الأرض.. وبمَهـري يعيـش مُهري إلـى نهايةِ الدهرِ بأمان..

ابتسم حورون قائلاً:

- أمنحكِ إذاً الثعابين، ومن سمّها يكونُ لكِ ترياقٌ لشفاءِ المرضى هديةً للزفاف.. وباتّحادِنـا المقدس تحيا الكائناتُ في أمانٍ..

وهكذا كان..

ارتفـع الراعي الهائمُ على وجههِ من الأرض ليسـكنَ في قصر الفرس ابنةِ الشـمس، بجانبِ إخوتهِ بقيةِ الآلهة..

مانحاً العالـمَ الدواءَ والترياق من الأمراضِ جميعاً..

مباركٌ أنت أيها الشـافي والراعي حورون..

السِفْرُ السابع

سِفْرُ الأساطير الثاني

1

عَروبة "أوروبا" وقدموس

لأجـل صحـة بنيّ نـذر كاتبُ هذه الكلمـات "إيلي ملك" خصلاتِ شـعرهِ لمعبـدِ ملقرت في عمريت[(9)]..

في المدينةِ الجميلة الواقعةِ على شـاطئِ البحرِ جنوباً على البرِّ المقابلِ لجزيـرة أرواد زُرنا أخيراً معبدَ بعـلِ المدينة "ملك القرية-ملقرت"،

وفـي رأينا البركةَ المسـتطيلةَ العميقة ذات المياه الخضراء..

في المعبدِ الكبير قابلنا كاهناً شـاباً أصلعَ أعطانا مأوى في حرم المعبد، ثم أشـار إلى الأسـماكِ الملوّنةِ الكبيرة السابحة في البركة:

- إنّ لكلٍّ من هذه الأسـماك اسـمُها الخاص، وهي مدلّلتُنا..

انظـروا إليهـا، ولكـن إيّاكـم محاولةَ لمـسِ أسـماكِ البركةِ المقدسـة، إن أردتم مغادرةَ المعبدِ أحياء..

بسـطتُ يداً على صدري قاطعاً وعداً:

- أقطـعُ لـك عهداً يا سـيدي باحترامِ المـكان، فأنا كسـوريٍّ صالح لا آكلُ السـمك ما حييت كما أمرتنا أمُّنا الأولى..

9 ملقارت: الإله الكنعاني المشهور.

ملك - القرية = ملك المدينة = سيد المدينة = إله المدينة.

سيد إمبراطورية الكنعانيين في غرب البحر المتوسط..

وباسمه سموا المضيق الذي كانت تخرج منه سفنهم إلى المحيط: مضيق الإله ملقارت قبل أن يسميه اليونان مضيق هرقل والعرب مضيق جبل طارق.

ثم أمضيتُ طيلةَ نهاري التالي في خدمةِ المعبدِ متطوّعاً، فحملتُ الماءَ من الينبوعِ المقدس خارج المدينة مشياً على الأقدام، وهكذا جيئةً وذهاباً حتى تبقـى البِركةُ إلى الأبد ملأى بماء الحياة..

في المعبد شـاهدتُ وصحبي أعداداً مـن الماعزِ والخرافِ والطيور تملأُ الحرم، ولكن لم نشـاهد الخنزير الذي نشـمئزّ منهُ جميعاً..

في المساء وحين أقبلتُ على قصِّ خصلاتِ شعري أقدمتُ خلال الطقس من فرط تأثّري على حلقِ شـعري كلّـهِ، وأتبعتُهُ بحلقِ الحاجبين..

ثـم عزمـتُ علـى إمضـاء ليلـةٍ مـن اليقظـةِ الكاملـة والعزلة فـي الرواقِ المظلم المحيط بالبركة..

***

هناك عند البِركة قابلتُ حاجاً مُؤمناً من صور يبكي في صمتٍ بالظلام.

كان الحـاجُ مُفعمـاً بالأسـى إذ يغيـبُ عـن احتفـالاتِ مدينتـهِ السـنوية بذكـرى اختطـافِ إله شـعوب البحر للأميـرةِ الكنعانية عَروبـة "أوروبا" ابنةِ ملكِ صور "أجينور"، راح الحاجُ يحدّثني متحسّـراً:

- كان لملكِنـا المبجّـل "أجينـور" ثلاثةُ أبناءٍ وابنةٌ حسـناء وتدعى عُروبة "أوروبا"..

وقـد رأى إلـهُ الإغريق زيـوس أميرتَـنا منيرةَ الوجـه كالقمر على شـاطئ البحـر تلهو مع رفيقاتِهـا وتجمعُ الأصدافَ، فوقعَ من فورهِ في غرامِها..

وإذ انفـردت الأميـرةُ وحيـدةً تمشـي علـى رمـالِ الشـاطئ الذهبيـة انقلـب الإلـهُ الخبيـث إلى ثورٍ أبيـضٍ رائعِ الجمـال أليف المحيّـا بقرنينِ أبيضيـن لامعين.

وهكـذا أخـذت أوروبـا تداعـبُ برقـةٍ خاصـرةَ الثـورِ الجميـل وتتلمّـس قرنه..

وحيـن جثـا أمامَها في خنوعٍ فهمت أنَّهُ يدعوهـا لركوبهِ، فاعتلت ظهرهُ في وجلٍ وحنان..

راح الثورُ يتمشّى بدلالٍ فوق رمال الشاطئ البيضاء اللماعة فيما رفيقاتُ الأميـرة يتضاحكنَ بعيداتٍ في ذهول..

وإذ ابتعـد الثـورُ بالأميـرة انتهـزَ الفرصةَ السـانحة، وعـدا بأقصى قوتهِ نحوَ البحر..

هنـا صاحـت الرفيقـاتُ مذعـوراتٍ وباكياتٍ على شـاطئ البحـر إذ رأين مشهداً عجيباً..

كان الثـورُ ناصعُ البياض يسـبحُ فـي البحر عكسَ الموجـات وقد نبتَ له جناحان، بينما أمسـكت أوروبّا المسكينة مذعورةً بالقرنينِ الكبيرينِ خشية أن تغرق في الماء..

راح وشـاحُها يطيـرُ في الهـواء ومن تحتهِ تناثر شـعرُها الأسـودُ الطويل، بينما انغمسـت أطـرافُ ثوبِها الحريري في الماءِ الهائج..

وهكذا حتى غابَ الوشـاحُ عن البصر، وحطّ الثورُ في أقربِ جزيرة..

لم تعلم المسـكينةُ يومها أنها لن ترى ثانيةً سـورية الحبيبة مثل كثيرين غيرها ممّن مرّوا على هذا الشـاطئ..

***

كانـت أوروبـا رائعـةَ الجمـال... أحبّهـا الإلـهُ وجعلهـا واحـدةً مـن زوجاتهِ الأثيرات.

ثـم إنّهـا حملت للإلهِ الخاطـف ثلاثةَ أبناء، وحين ماتـت أُطلق على البرِّ الغربيِّ بأسـرهِ اسم "أوروبا" المحبوبة..

وقـد أرسـلَ الملـكُ المفجـوعُ اليائـسُ أجينور ابنـهُ قدمـوس للبحثِ عن شـقيقتهِ الضائعة والتي عبدها الجميع.

لكنّ الفارسَ قدموس عجز عن مقارعةِ كبيرِ آلهةِ شعوب الجزر واستسلم لقدرهِ، وما عاد يجرؤ على العودةِ وحيداً، فبقي بدورهِ في تلك البلاد هائماً حتى وصل جائعاً إلى مدينةٍ اسمُها طيبة..

وقد أشفق عليهِ أهلُ طيبة خلافاً لمدنٍ أخرى طردتهُ، ورداً لجميلِهم انكبّ على تعليمِهم الكتابة...

لقّن قدموس شيئاً فشيئاً أبناءَ أوروبا حرفَنا الكنعانيّ والعلوم، فتعلم أولئك أبجديتَنا السهلة العبقرية التي اخترعها علماؤنا واختصروها بثلاثين حرفاً بعد أن كانت تُكتب بمئات الحروف...

مسح الحاج عينيه الدامعتين خاتماً حديثهُ:

- لقد خسِرنا حقاً الشقيقين "أوروبا" وقدموس ذاتَ يوم، كجميعِ من مرّوا عبر هذا الشاطئ من الشباب، لكنّنا لن ننسى هذينِ الشقيقين أبدَ الدهر..

وقد ربحهما الغرباءُ من شعوبِ الغرب..

سيبقى هذا دَيْناً في أعناقِهم، وسيردّون لنا في يومٍ من الأيامِ هذه الأمانة.

في الموعدِ الكئيب ذاتُه من كلِ عام تقتربُ السورياتُ المؤمنات من شواطئِ البحر ليغمسن فيه الأقدامَ الحافية..

ثم يأخذن في الصياحِ والندب رافعاتٍ الأذرع لاطماتٍ الصدور..

ثم يحدّقن في الأفقِ الضبابيّ بين الموجات محاولاتٍ رؤيةَ شبحِ الأميرةِ المذعورةِ الحسناء ذاتِ الرداء الفضفاضِ الأبيض..

2

يونوس

ملك العبيد..

ومن أعجبِ قصصِ الربيين والصالحين من أجدادِنا السوريين ذلك الذي غدا ملكاً على العبيد..

وُلـد يونوس في أقاميـا البهية منذ زمنٍ غير بعيد..

وقد خطفهُ غزاةُ هذه الأرض من الرومان، وجعلوه ككثيرٍ من الصابرين الصالحيـن عبداً في جزيرةِ صقلية..

كانـت حيـاةُ العبيدِ في تلك الجزيرة لا تطاق إذ لم تكن لهم أيّةُ حقوق وعاشـوا حياتهـم دهـراً دون أن أغلبُهم مُلّاكَهم، بل عملـوا كالحيوانات في حقولِ السـادة دون راحةٍ أو عبادة..

وكان يونوس كجميعِ السـوريين عابداً تقياً ومؤمناً للأمِّ الأولى عشـيرات/أثارغاتيـس، فناجاها بعذاباتـهِ طيلةَ يومِهِ، وزارتهُ في منامهِ ليلاً..

وقد اشـتهرَ بين الجميع كأغلبِ سـوريي هذا الزمان بقدرتهِ على قراءةِ القـدرِ والحظوظ، حتى قدّمهُ سـيّدهُ للضيوف ليكون لهم عرّافاً..

***

ذات يومٍ ظهرت ليونوس سـيّدتُه وراعيتهُ عشـيرات في منامه..

رأى العـرافُ السـوري عشـيراتٍ العاريـة راكبـةً لبـوةً وحاملـةً سـعفة، وخاطبتهُ بصوتٍ كصوتِ الأم:

- سـتغدو يومـاً يا يونوس الصابر ملـكاً على العبيد..

وهكـذا لم تفارق تلـكَ الرؤيا خيالهُ قط..

ثـم إن ربّتـه حبته بقدراتٍ خارقةٍ أخرى، فباتَ قـادراً كلّما زارتهُ الربّة في رؤيا أن ينفُـث من فمهِ النار...

وهكـذا حتى هابهُ الآخرون..

وقد سـمعَ الناسُ بالعرافِ السـوريّ نافثِ النار، فتوافدَ الحجّاجُ من كل مكانٍ لزيـارة الربيّ التقي كنبيٍ من أنبياءِ السـماوات..

***

ثـم راح يونـوس يحـرّضُ العبيـدَ سـرّاً علـى الثـورة لاسـتعادةِ حريّتهـم وكرامتهم:

- المـوتُ ولا المذلةُ يا إخوانـي.. ما هذه بحياة!..

- انظروا حولكم.. نحنُ نُعَدُ في الجزيرة بعشراتِ الآلاف، بينما السادةُ لا يتجاوز عددهم ..

ولكـن خافَ العبيـدُ المصيرَ المرعبَ للثائرين وهـو الموتُ صلباً..

لكنـه ظلّ يحرّضهم وهـو الخطيبُ المفوه:

- إن كانـت الأربابُ في صفّكم فمن تخشـون؟..

- ألم تزرني راكبةُ المياهِ في المنام؟ هي التي لا تُطيق الظلم! وتحرسُ السـوريين في كلّ مكان!

وهكذا حتى عاشـقُ الحرية جميعَ عبيدِ الجزيرة، فشـكّلوا جيشاً جرّاراً اسـتولى علـى عاصمتِها "إينا" في ما عُرف بثـورة العبيدِ الأولى..

***

فـي يومِ النصر توّج يونوس نفسـهُ ملكاً:

- مـن الآن فصاعـداً تسـمّوني يـا إخوانـي "أنطيوخـوس" ككلٍّ ملـوك سـوريا، وأدعوكم بدوري بالسوريين الجدد..

(صاح) لقد كُتبـت لنا الحرّية!

أسـكرتهم يومها صيحاتهُ المنتشـية:

- ما أجمـلَ الحرّية يا أحبّائي..

أخذ الثوارُ يبكـون من فرطِ التأثر:

- مـن اليـوم تكونُ لنا دولتُنا، ونسـكُّ فيها نقودَنا..

وهكـذا نقـش السـوريونَ الجـدد صورتَـه على النقـود، ونجح جيشُـهم بصـدّ الرومانِ أعواماً طويلة فعاشـوا حلماً جميلاً..

فـي النهايـة لم يقدروا على دحرِ جيـوش المعتدين، وقُبِض في النهايةِ على ملـك العبيد الثائر..

سـيق يونـوس إلى روما، وهناك ألقي في جـبٍّ تحت الأرض على عادةِ ملّاكِ الأرقاء..

فـي الكهـفِ المظلـم اسـتلقى الحالـمُ بالحريـةِ علـى الأرضِ الموحلـة ينزف وحيـداً مثخناً بجراحه..

وراح ينتظـر صباحاً مـن التعذيب ثم الصلب..

ولكن في سـجنهِ زارتهُ الربّـة ثانيةً في المنام..

كانت الحبيبةُ تبتسـمُ لـه وتبكي في آنٍ معاً..

مسـحت بيدِها الحنونةِ على رأسه..

لقد أخذتهـا الرحمةُ به فأخذته..

وهكذا لم يسـتيقظ ملـكُ العبيدِ الصالح من منامه ذاك، بل انضمّ على الفور لرجالِ الربّ فـي مأدبتهم الأزلية..

3

كومبابوس وستراتونيس (1)

حـدث ذات يـومٍ حين أمـرت عشـيرات عُبّادها ببنـاءِ معابدَ لهـا في كل مـكان أن زارت الربّة الملكةَ سـتراتونيس الجميلة في منامها..

كانـت سـتراتونيس جميلـةً وعاطفيـةً وشـهوانية، لـذا عبـدت ربيبتَهـا عشـيرات / أتارغات بكلِّ جوارحها.

- سـتبنينَ لي أيّتها الملكةُ معبداً في منبج يكونُ أجملَ أقداسـي..

حين أبطأت الملكةُ وتكاسلتْ عن تنفيذِ أوامرِ الربّة ضربَها مرضٌ غامض.

عشـيرات لا تحبُ العصيان..

ثم زارت الملكةَ الشرورُ!

فوقعـت على درجِ القصر غيرَ مرة..

وعلى رأسِـها سقطَ حجر..

ثم لدغها عقرب..

وهكـذا فاتحت الملكةُ زوجَها:

- لا مفـرّ يـا زوجي مـن تنفيذِ أمرِ الربة، إن أردتَ لي أن أحيا في سلام.

***

هنـا جمـع الملـكُ المـالَ، ثـم اسـتدعى أكثـر قـوادهِ ولاءً وكفـاءةً الشـابَّ كومبابوس:

- غـداً تسـافر أيّهـا القائد على رأسِ جيـشٍ إلى منبـج برفقة زوجتي..

ستحرسـها مـن مخاطرِ الطريـق، وتشـرف هنـاكَ معهـا علـى بنـاءِ معبـدٍ كبيـرٍ للربّة..

- ولـمَ اخترتَنـي يـا مـولاي؟.. أنـا لا أفقهُ شـيئاً فـي البنـاءِ أو المال أو الأمور المقدسة؟..

- اخترتكَ لأنّكَ رجلٌ شـريفٌ مخلصٌ للملك، وأنا أثقُ بكَ ثقتي بنفسـي.

هنـا ركع كومبابوس في البلاط راجيـاً الملك أن يعفيه من المهمة..

لكنّ الملـك العنيد رفض إعفاءَهُ تحتَ أيّ ظرف..

وقد سـرّت الملكةُ أيّما سـرورٍ بأن يرافقها القائدُ الشـجاع شديدُ الوسامة في رحلتِها الطويلة ومهمّتها الشـاقّة..

***

فـي منزله رمى القائدُ الشـابُّ بنفسـهِ على الأرض، وبكـى في يأسٍ وهو يتنبّأ بما سـيحدث لهُ فـي رفقةِ الملكةِ العاطفية:

- يا لتعاسـتي.. تُرى كيف سـتنتهي هذهِ الرحلةُ الشاقّة؟

كيف يا جميع الأرباب أحفظ فضيلتي وولائي وأمنع نفسي عن ارتكابِ الخطيئة وفعلِ الخيانة؟..

مـا كان مـن الشـابّ الذي يقـدّسُ الفضيلـةَ ويحتقـرُ الخيانـة إلا أن نَزَع خصيتيـه وضمّد جُرحَهُ النازف..

- الآن لا مخـاوفَ ولا قلق، إذ لـن تجدَ الغوايةُ منفذاً لروحي..

وضـع الشـابُ العضوَ في صنـدوقٍ صغير فيه العسـل والبهارات، وختمهُ بخاتمٍ حملهُ معه..

أمـام الملك وقبل رحلتـهِ الطويلة قدم كومبابوس الصندوقَ قائلاً:

- أودعكَ يا سـيّدي كنزاً هو أعزُّ عندي من الحياة والذهـب، كان مخبوءاً في بيتي..

واليوم أتركهُ فـي حفظكَ قبل رحلتي الطويلة.

4

كومبابوس وستراتونيس (2)

لـم يعـرف القائـدُ الوسـيم والزوجـةُ الحسـناء أنَّ رحلتَهما سـتمتدُّ ثلاثةَ أعـوامٍ كاملـة عاشـا فيها بالمدينةِ الفراتيـة البهيّة، وأشـرفا خلالَها بدقةٍ على بناءِ أجملِ معابدِ الشرق..

حاولـت سـتراتونيس فـي البداية أن تقـاومَ عواطفَهـا وتحفـظَ فضيلتَها، لكنّهـا أُعجبـت رُغمـاً عنهـا بـأخلاقِ القائد الشـاب وإخلاصهِ، وعشـقت فيهِ قوّتهُ ووسامته..

كانـت الربّـةُ عشـيرات / أتارغاتيـس تطاردهـا بلا هـوادة حتـى أفقدتهـا مقاومتَها.

تفكّـر كيـف تنفـذ إلـى قلبـهِ وتكسـب حبّـه وقـد علمـت وفـاءَهُ وإخلاصَـهُ لملكه..

راح كومبابـوس يتجاهل ملكتَهُ تماماً..

ثـم راحت تبكـي طيلة الليل ولا تفكّر في غيره:

- كيـف لا يراني؟ ما خطبُ هذا الرجل؟..

ثـم قررت اللجوءَ إلى خدعةِ الخمر:

- إن أنـا شـربتُ حتـى الثُمالـة تشـجّعت وصارحتُـهُ بحبّي، ثـم أتظاهر بعـد ذلكَ بالنسـيان أو أعزو خطيئتي للسُـكر.. وقـد تخفّف الخمرُ من ألمِ الرفضِ وذله..

***

وهكـذا فتـح القائـدُ عينيـهِ ذات ليلـةٍ فـي مخدعهِ علـى الملكـةِ الثملةِ الحسـناء واقفةً في ثوبٍ حريريٍ أبيض..

ملقيـةً بذراعيها حولَ عنقه..

- آهٍ يا كومبابوس..

انتفض الشابُ مذعوراً:

- لقـد عشـقتكَ زمنـاً، ولم أجد أفضلَ منك روحـاً وأخلاقاً، ولا أعظم قوةً ورجولةً..فكيفَ لم تنتبه؟

اسـتحلفتكَ بآلهـةِ الحـبِّ التـي تبنـي معبدَهـا أن لا تحطّـم قلبـي وترفض عواطفي..

ما كان من القائد إلّا أن نظر باشـمئزازٍ وصاح موبّخاً:

- كيـفَ أيّتُها الملكة تركتِ الخمرَ تذهـب بعقلك؟ وكيف دخلتِ مخدعَ رجـلٍ عازب؟ فلتخرجي من هنا حـالاً ولتلتزمي بالفضيلة..

***

في مخدعِها بكتِ الملكةُ الحسـناءُ بحُرقةٍ زمناً..

لكنهـا لـم تيـأس أبداً، وراحت طيلة شـهورٍ تطاردهُ وترسـل إليـهِ الهدايا وتظهر في مخدعهِ مراراً:

- أأنـت بلا قلبٍ أيها الفارس؟..

- كيـف تطلبينَ من الصديقِ المخلص أن يطعن صديقه؟ (سـأل القائد) كيـف أخونُ أعظمَ ملـوكِ الأرض؟ أوتطلبين الزنا هكذا دونَ حياء؟..

حيـن فقـدت الملكـةُ أخيـراً الأمـلَ مـن عواطفـه انتحبت وعضّـت على شفتيها مقسـمةً على أن تعاقبهُ على جفائِه..

- فلتسـمع أيها القائد.. سـوف تندم شرّ ندمٍ على تكبّرك وجفائك..

أضعـتَ أيُّهـا المجنون فرصَ نجاتك واحدةً بعد الأخرى..

5

كومبابوس وستراتونيس (3)

فتح الملكُ عينيه غير مصدّقٍ وهو يقرأ رسالةَ زوجته الفاتنة والغائبةِ عنه زمناً..

- كيف أسلمتَني أيّها الحبيب إلى عهدة هذا الذي دعوتَه أخلصَ أصدقائك؟..

- كيف سمحتَ لهذا الشيطان أن يطاردَني طيلةَ شهورٍ، وحين رفضتُ تودّدهُ اغتصبَني دون رحمة؟

- لا ألوم غيركَ يا زوجي، ولا أسامحكَ حتى تأخذ بثأري..

فهم القائدُ الشقيّ ما حدث حين أبصر حفنةً من الجنود يقتحمونَ مخدعهُ بعنفٍ واضعين القيودَ في معصميهِ وكاحليه..

بكى التعسُ طيلةَ الطريق، إذ صدّق صديقهُ وشايةَ الملكة:

- لقد تلطّخت صورتي أمام الناس، وبات الجميع يُتهموني بالزنا..

إن علي إذاً أن أقبلَ الموت حتى لا أواجهَ هذه الحياة، أو أُضطرّ للاعترافِ علناً بوضعي الجديد..

***

في قاعةِ المحكمة خاطبهُ الملك وهو يكادُ يتميّز من الغيظ:

- لقد ارتكبتَ أيّها الوغد خمسَ جرائم مرةً واحدة..

أوّلُها فعلُ الزنا، ثم خيانةُ الصداقةِ والثقة وثالثاً خيانةُ الملكِ والوطن، ثم اغتصابُ من أُسلِمتْ إلى عُهدتك..

وأخيراً جُرم العبثِ واللّهوِ في حرمِ الربّة وأثناء خدمتها!

- كيف تصدّق يا سيّدي هذه الوشاية؟ أنا ما خنتُك يوماً..

صاح بهِ القضاةُ والوزراءُ مُشمئزّين:

- من يستحقُّ الحكمَ بالموت أكثرَ منك؟.. فلتُعدَم أيها الخائن..

حين سمعت ستراتونيس الحكم تنفّست بارتياح:

- أخيراً ستخمد نارُ عواطفي، وتلتئم كرامتي المجروحة..

ثم اقتيد الرجلُ الصالح فوراً بقيودهِ إلى السجن كي تُقطعَ رأسُهُ بالسيف.

كانت أعماقُه تبكي بعد أن اتُهم بشرفهِ وهو الفاضلُ الأبدي.. لكنه لم يشأ أن يعترفَ على الملأ بما حلَّ به وقد فقد أدنى رغبةٍ في الحياة..

***

حين رأى كومبابو في الظلام لمعانَ السيفِ يرتفع فوق رأسهِ صاحَ بالجلاد

- فليفتح الملكُ الصندوقَ الصغير الذي أودعتهُ إيّاه..

ثم فقدَ القائدُ الشريف حياتَهُ ظُلماً..

في القصر فتحَ الملكُ بعد حين الصندوقَ الصغير غير فاهمٍ أهميّته إلا بعد أن وقع ما وقع.. حين رأى الخصيتين وتأكّد لهُ ما فعله صديقهُ من أجله ولحفظِ عفته خرَّ مغشياً عليه..

حين صحا راح يندب زاعقاً:

- لقد أعدمتُ أطهرَ الرجال، وفقدتُ أعظم صديقٍ.. ويلي!

وأما ستراتونيس التي سمعت القصة فقد فهمت بعد فوات الأوان كيفَ قاومَ القائدُ إغواءها..

ثم إنها هربت من العقابِ ليلاً مُلتجئةً إلى حرم الربّة الذي بنتهُ بنفسها، والذي يحمي كلّ من يلتجئ إليه..

وفيهِ عاشت ستراتوني كاهنةً مُخلصةً للربة حتى ماتت..

ابتسمت الربّة إذ حقّقت كعادتِها في النهاية مُرادها..

6

الأميرات السوريات القاتلات (1)

عاشَ في غابر الأزمان ملكُ السوريين العظيم دوكليسياس..

وقد كان هذا الملكُ طويلَ القامةِ عظيمَ القوّةِ والصوت صالحاً، وقد حكمَ سوريا بقبضةٍ من حديد..

كان للملكِ زوجةٌ حسناءٌ فاضلة، ومثل زوجها عظيمة القامة.

وقد أنجبت لهُ من البناتِ ثلاثاً وثلاثين.

لم تكن الأميراتُ جميلاتٍ عظيماتِ القامة كالرّماح فحسب، ولكن كنّ كذلك مستقلّاتٍ عنيداتٍ قوياتِ الشخصية معتدّاتٍ بحَسَبهنّ وعقلهنّ وإرادتهنّ..

وكانت أكبرُهنّ "ألبينا" أكثرَهنّ شراسةً وأعظمهنّ قوةً واعتداداً بالنفسِ ورفضاً للخنوع.

***

دعا الملكُ بناتَه ذات يومٍ وخاطبهنّ بلهجةٍ آمرة:

- لقد بلغتنّ يا بناتي سنّ الرشد، ولأنّني لم أنجب ابناً يخلفني فقد قرّرتُ أن أحفظَ عرشَ سوريا داخلَ عائلتي وأزوّجكنّ من أمراءِ البلد المتنازعين، وهكذا تكونُ ملكةُ المستقبل حتماً واحدةً منكنّ..

هنا صاحت الأميرات محتجاتٍ كاظماتٍ

سألت إحداهنّ والدَها:

- وكيف ستختارُ كلٌ منّا عريسَها؟..

- بل يختارُ كلٌ من الأمراء من منكنّ تصبح زوجتَهُ، وكلُّ الخاطبين أثرياءٌ عقلاءَ ونافذون..

وهكذا اختارَ الأمراءُ الثلاثة والثلاثون زوجاتِ

ولم يقبل دوكليسياس سماعَ أيّ اعتراضٍ من بناتهِ الشقيات.

***

و شهدت الليلةُ السابقةُ للزفافِ العظيم صياحاً وعويلاً وبذوراً للتمرّد، إذ لم تُعجب أيٌ بخاطبها..

وقد شعرت الأميراتُ بالهوانِ والعجز، إذ تمّ اتخاذُ القرار دون أخذِ رأيهنّ ولا استشارةِ قلوبهنّ..

صاحت أولى:

- بئسَ هذا المصير.. نحن لسنا ملكاً لأحد حتى يتمّ بيعُنا هكذا.

أجابتها ثانية:

- فليذهب العرشُ إلى الجحيم.

وصاحت ثالثة:

- وماذا عن الحب؟ وماذا عمن اختارتهنّ قلوبُنا؟..

ثم انفجرت أخرياتٌ بالتذمّر والتمرد:

- آهٍ يا أختاه.. لو أن بإمكاننا فقط تبادلَ الأزواجِ المختارين!

- بل نحكمُ نحنُ عالمَ الرجال، ولا تحكمُنا قوانينُ الرجال "قالت أخرى".

- أما أنا فأكرهُ جنسَ الرجالِ برمّته، ولن يملكني منهم أحد.

هنا اقترحت ألبينا المتعطشة للدم بصوتها القوي النافذ محدقةً بعينين لماعتين قاسيتين:

- نتفق إذاً يا أخواتي على أن تقتل كلٌ منّا عريسَها في ليلةِ الزفاف.. كلٌ

تفعلُ ذلك على طريقتِها الخاصة..

***

امتلأت بعضُ الشـقيقاتِ ذعراً وصدمةً من خطّة الأختِ الكبرى..

لكن أخريـاتٍ رحّبن بالفكرةِ الغريبة دون تردد:

- ليس أمامنا حلٌّ

- وليس ثمّة مجالٌ للفشـل..

ردّدت بعـضُ الطامعاتِ في الحكم:

- حيـن تخلو أرضُنا من الأمراء نغـدو نحنُ حاكماتُ البلدِ الوحيدات، ولا

يبقـى أمامَ أبينا خيارٌ آخر..

وهكذا تمّ..

ذبحت كلُّ أميرةٍ عريسَها بطريقتها..

فقد غرست إحداهنّ خنجراً في الرقبة..

وأمّا الأُخرى فدسّت السم..

والثالثةُ دفعت مالاً لقاتلٍ مأجور..

7

الأميرات السوريات القاتلات (2)

حيـن بلـغ النبأُ المرعب أذني الملـكِ الصالح لم يصـدّق أذنيه، بل امتلأ ذُعراً من فظاعةِ الجريمة واشـمأزّت نفسُهُ دونَ حدود..

ثم إنّه بات يخشـى على نفسـهِ من دمويةِ بناتهِ..

وهكـذا فقد جمعهنّ في بلاطِهِ، وصاحَ بهنّ:

- لقـد جلبتـنّ أيّتها المجرمـات العارَ لاسـمِ أبيكنّ والعائلـة! وثرتنّ على حكمِ الرجال ضارباتٍ عـرضَ الحائط بالعرفِ والتقليد!

فـي المحكمـة لـم تُظهِـر أيٌّ من الأميـرات السـوريات ندمـاً، ولا حاولنَ تبريرَ فعلتهنّ..

حدّقـن في الفضاء بعيونٍ فارغـةٍ تماماً ووجوهٍ خاويةٍ من التعبير..

وقـد انتظـرن بنفاذ صبرٍ حكمَ القضاة.. مؤمنـاتٍ بأن القضاةَ لن يجرؤوا على إزهاقِ الدمِ الملكي..

***

وهكذا كان:

- نحكـم عليكنّ إذاً بالنفيِ الأبدي فوق سـفينةٍ تائهةٍ في عرضِ البحار.

تنهـدت القاتلاتُ غير فاهماتٍ الحكم..

صاحت إحداهنّ متسـائلةً بجبينٍ معقود:

- وإلـى أي بلدٍ يتمُّ نفيَنا؟

- بل توضعون في سـفينةٍ دفّتُها محطّمة..

هكذا أوضح قاضي القضاة:

ولا يكونُ للسـفينة وجهـة، وهكـذا لا نعلـم أيـن تنتهـون ولا فـي أي أرضٍ تموتون..

ثم أضاف آخر:

- ولا يكونُ على السفينة طعامٌ عدا الماء، وليس لها شراعٌ ولا مجاديف.

هنا صاحت الأميراتُ مذعـوراتٍ من غرابةِ الحكمِ وفظاعته..

ثم رحـن يبكين راجياتٍ الرحمة.. لكن دون جدوى..

وهكذا تاهت السـفينةُ الملعونة طيلة أسـابيعٍ وسطَ الماء..

وقـد تقاذفتهـا الريـاحُ والعواصفُ وتحطمـت أخشـابُها علـى صخور الشواطئ..

8

الأميرات السوريات القاتلات (3)

في قاع السـفينة تقيّأت الشقيقات وندبنَ حظّهنّ:

- أترانـا نموتُ جميعـاً غرقاً في مياهِ هذا المحيط؟..

- آهٍ.. كنـا أميـراتٍ منعمـات، وإحدانا على وشـك أن تغـدو ملكةً، فماذا فعلنا بأنفسنا؟..

قالت ألبينـا رابطة الجأش والمتضورة جوعاً:

- لا تبتئسـن يا شـقيقاتي، بل ضعن أقداركنّ في أيدي الآلهة.

ثم حملتهنّ أجنحةُ العاصفةِ طويلاً، إلى أن علقت بعدَ أسابيعٍ سفينتهنّ فـي شـاطئٍ ضحل لجزيـرةٍ مجهولة.. وقـد وجدت الشـقيقاتُ أرضـاً كثيفةَ الغابات كثيـرةَ الثمار غزيرةَ الأنهارِ والينابيع..

مـن ماءِ الجزيرةِ وثمارِها أكلت الجائعاتُ وشـربنَ راضياتٍ بقدرهنّ

***

- وما عسانا نسمّي هذهِ الأرض؟

"صاحت صغراهن"

- مَن أولُ من وضعت قدمَها على البر؟ "سألت أخرى"

- إنها ألبينا..

وهكذا دُعيت الجزيرة ألبيون "بريطانيا"..

وقد صارت الأختُ الكبرى ملكةً على شعبها الصغير..

***

ثـم اضطُـرّت الشـقيقاتُ المـدلّلات ناعماتُ الأيـادي لزراعـةِ الأرض وبناءِ البيوتِ من الخشب وتربية

وصنعن الرماح والشباك، فاصطدنَ بها الطّيورَ والأسماك..

وقـد جلـن فـي أرجـاء الأرضِ الشاسـعة باحثـاتٍ عـن البشـر، ولكـن دون جدوى.. ولكن فكرنَ سرّاً:

- الشكرُ إذ رحمَتنا وأنقذَت حياتَنا..

حين قويت الشقيقات نمت غريزتهنّ، ثم بدأت أسئلتهنّ الكبرى تتوالى

- ولكن أنبقى عازباتٍ هكذا إلى الأبد؟.. وأين هم الرجال؟..

- هل يا تُرى أخطأنا، إذ اعتقدنا أنّنا في غنى عنهم إلى الأبد؟

- بل لسنا في حاجةٍ لأحد..

- ولكن سنفنى وينتهي جنسُنا وذكرُنا على هذه الأرض!

***

لم تنتبه الشـقيقات لأنّ جنسـاً آخر من المخلوقـات كان يعيشُ في هواءِ الجزيرة مطارداً إياهنّ..

كانـت تلـك المخلوقـاتُ مزيجـاً مـن أرواحِ قـوى الـظلام والحيوانـاتِ الشيطانية القوية..

وقد راحت الوحوشُ تزورُ الأميرات في الأحلام على هيئةِ رجال..

وقد نشأ من تزاوجِ الأميراتِ السوريات فارعاتِ القامة مع الوحوش جنسٌ من العمالقة..

حَكَم ذلك الجنسُ الجديد تلك الأرض، وفوقها تصارعوا إلى الأبد..

إلى أن دُعيت ألبيون "بريطانيا" بأرضِ العمالقة..

9

الشبح السوري

في أسـوأ لحظاتِ هذه الأمّة اسـتغلّ أعداؤُها الأشـرار من شـعوبِ البحرِ ضعفَها، وغزت جيوشـهمُ الجرارة شواطئَها.

وقـد قاد ملكُ سـوريا الجَسـور الصالح جيشـه للدفاع عنهـا، لكن الأعداء أردوه قتيلاً بسـهمٍ غادر فسـقط شهيداً على ثراها الطاهر..

وهكـذا طـاب للجيـش الغازي المقـام فـوقَ أراضينا المقدسـة، واحتفل الجنودُ كل ليلةٍ في المخيّم وشـربوا الخمر ومارسـوا الرذائل..

لكـنّ ظاهرةً غريبةً برزت لهم رويداً رويداً..

أخـذ الأعـداء يعثرونُ كل صباحٍ علـى بعضِ جنودهـم موتى من الفزع في المعسكر..

بوجـوهٍ صفراءَ مذعورة وعيونٍ محدقةٍ على اتسـاعها في الفضاء..

حتـى أنّ بعـضَ أولئـك اسـتيقظوا فـي الـظلام، وجـروا فزعيـن ملقيـن بأنفسـهم في البحـر أو النهر مفضّلين الموتَ غرقاً..

***

لـم يفهـم الأعداءُ زمناً حقيقةَ ما يحـدث، إلى أن أخذ الجنود ينامون في مجموعاتٍ حتـى يتجنّبوا المصيرَ ذاته..

وقـد نجا بعضُهم من التجـاربِ المفزعة ليحكي ما حدث..

راح أولئك يصفون شـبحاً مرعباً يظهر لهم في ظلام المعسـكر..

جسـداً نورانيـاً عملاقاً أخضر اللـون يظهر لهم كبرجٍ في العتمة بأسـنانٍ يقطر منها الدم..

حكى بعـضُ الناجين ممن فقدوا عقولهم:

- يقتـرب منك هذا الشـبحُ العـملاق رويداً رويداً.. ثـم يزعق في وجهك زعيقـاً ما سـمعتَ مثلـهُ في حياتك.. ثـم يمدُّ يديـه العاصرتيـن مطبقاً على عنقك كالخنّاق، وهكذا حتى تموت خنقاً غير قادر على التنفس أو الصياح

وراح الشـبحُ المخيـف يظهـر بإصرارٍ كلَّ ليلـةٍ في معسـكرِ القَتَلة، حتى راح الجنـود يفـرّون مـن المخيم هربـاً بحياتهـم إذ راحت يدٌ خفيةٌ تشـعل الحرائـقَ مراراً في الخيـام وتطلقُ الخيولَ من مرابطها..

***

تسـاءل قـادةُ الغزاة عـن هويةِ هذا الشـبح وغرضه، وقـد اجتمعوا مراراً لدراسةِ الوضع:

- لابد أن الشـبح هو لأحدِ الجنودِ السـوريين القتلى..

لكـنّ أحـدَ الناجيـن وصـف أخيـراً بدقـةٍ رُمحـاً نازفـاً مغروسـاً فـي صدر الشـبح... بينما لمح آخـرٌ على الرأس تاجاً نورانياً صغيراً..

وهكذا فهم الغزاةُ مذهولين أنَّ ملكَ السـوريين الشهيد قد استحال شبحاً مرعبـاً لا يـكلّ، وهـو لابد يطاردُ بلا هـوادةٍ جيشَ الغزاة وأعـداء تلك الأرض.

- ما نحن

- يمكن هزيمةُ شـبح؟

وإن هـي إلا مدّةٌ قصيرة حتى مـات قائدُ الجيش وجُنّ كبارُ القادة..

وحتـى بعـد عودتهـم إلـى بلادهـم طاردت اللعنةُ الأعداءَ ولـو بعد حيـنٍ انتقامـاً، فمـات للبعـض ثلاثـةُ أبنـاء، آخريـن، بينما سـقط البعضُ عن الجواد مشـلولاً..

***

وقد دعا شـعبُ الغزاة المجرمين ذلك الطيف بالشـبحِ السـوري، وباتت قصّة اللعنةُ السـورية خالدةً في وجدانهم على مدى العصور وحتى اليوم.

صاح الشـبحُ السوري في أعداءِ أرضِنا المقدسة:

- فلتموتـوا شـرّ ميتـةٍ أيهـا الغـزاة.. لتغرقـوا فـي الحمـم وتنسـحقوا وتضمحل أطرافكم..

- نعـم جميعُكـم بلا اسـتثناء.. لتبدّد الآلهةُ جيوشَـكم وتحطّم نفوسَـكم وأجسـادَكم.. وينقطع إلى الأبد نسلُكم وتنمحي ذريّتكم..

على سـرير الموت سـمع المحتضرون ممّن قتلوا وعذّبوا شـعبَنا وتآمروا عليـه صوتاً أجش زاعقاً في الظلام:

- ها هو ذا الانتقام يأتيك!.. سوف يخترق المرضُ نخاعك ويأكلكَ الدودُ جراءَ عدوانك.

وقد انتشـر نبأُ اللعنةِ السوريةِ المرعبة في أرجاءِ العالم انتشار النار في الهشـيم.. هـذه اللعنـة التـي لا تخيب ولا تخطئ مـرّة ضالتها وهي تسـتمر حتى يومنا هذا، مع أن البعض يتناسـاها من آنٍ لآخر..

- لقـد تكالبتـم علينـا كقطيـع الذئـاب الجائعة، ومن كل حـدبٍ وصوبٍ أتيتـم لتدنسـوا هـذه الأرض وتقطعـوا بسـكاكينكم جسـدها، ولكـن رأتكم عيون الأرباب التي لا تغمض ولا تنسـى..

محـالٌ أن يقـدرَ شـبحٌ واحـدٌ علـى طـردِ جيـشِ الغـزاة جميعاً أشـباحاً، واللعنةُ ليسـت سلاحَنا الوحيد..

علـى هـذه الأرض لا يعتدي مخلوقٌ ويعيش طويلاً ليكسـبَ من الإثم أو ليرى ثانيةً خيراً.. هكذا قدّرت السـماء.

بصولجانـهِ سـيضربكم إيل مـن عليائـهِ، وفي أحلامِكم تزورُكـم عيناهُ الكحيلتان..

ستخدش أمُّنا الأولى وجوهَكم كلبوةٍ تدافع عن أبنائِها، وبصاعقتهِ يضربكم السيّدُ بعل مزمجراً في آذانكم بصوتٍ كالرعد.

وأما العذراءُ المحاربة فتبثُّ الذعرَ في صدوركم، وكحبات الرمل جيوشَكم. وأما "رشف" ذو الرمح فبالمرضِ والطاعونِ يبتليكم..

اذكروا أيها الشياطين المعتدون على أمّنا سورية أنّ لعنةَ هذه الأرضِ الأبدية ستبقى عالقةً فوق رؤوسكم كالغيمة.. إنّ خطاياكم تطاردكم اليومَ كالطير.. ملعونون أنتم، ومطرودون من الرحمة.. ملعونون منبوذون وبالفناءِ محكومون.

انتهى

| صدر للروائي

الفئران، رواية، عام 1994، عن دار الشراع.

العزلة، رواية، عام 1997، عن دار الثقافة.

المرحومة، رواية، عام 2000، عن دار
الشراع.

فضيحة مدوية في القصر الملكي، رواية،
عام 2005، عن دار كنعان.

دمشق الأخرى، رواية، عام 2006، عن
دار طلاس.

الغرفة رقم 1000، رواية، عام 2007، عن
دار طلاس.

مأساة ريفية، ثلاث روايات قصيرة، عام
2008، عن دار طلاس.

سلالة الشمس، رواية، عام 2009، عن اتحاد
الكتاب العرب.

التفاح الأزرق، رواية، عام 2010، عن
دار كنعان.

قطتان في صندوق، أربع روايات قصيرة،
عام 2015، عن دار الفكر.

أنفاس الشيطان، رواية، عن دار كنعان.

الرواية الناقصة، رواية، عن اتحاد
الكتاب العرب.

زمن القديسين، رواية، عن الهيئة العامة
السورية للكتاب.

KHAYAT
Publishing

Washington, DC
United States

www.khayatbooks.com